Johannes Loth

Die Sprichwörter und Sentenzen der altfranzösischen Fabliaux,

nach ihrem Inhalte zusammengestellt

Johannes Loth

Die Sprichwörter und Sentenzen der altfranzösischen Fabliaux,
nach ihrem Inhalte zusammengestellt

ISBN/EAN: 9783743429109

Hergestellt in Europa, USA, Kanada, Australien, Japan

Cover: Foto ©ninafisch / pixelio.de

Manufactured and distributed by brebook publishing software (www.brebook.com)

Johannes Loth

Die Sprichwörter und Sentenzen der altfranzösischen Fabliaux,

Königl. Friedrich-Wilhelms-Gymnasium

zu

Greifenberg in Pommern.

XLIII.

Ostern 1895.

INHALT: 1. Die Sprichwörter und Sentenzen der altfranzösischen Fabliaux, nach ihrem Inhalte zusammengestellt vom Oberlehrer Johannes Loth.
2. Schulnachrichten vom Direktor.

Gedruckt bei C. Lemcke in Greifenberg i. Pomm.

Vorwort.

Bereits im Jahre 1886 war in einer dieser Arbeit ähnlichen Dissertation[1]) darauf hingewiesen worden, daß eine Untersuchung der Fabliaux hinsichtlich ihres Reichtums an Sprichwörtern und Sentenzen von einem Mitgliede des romanisch-englischen Seminars zu Marburg in Angriff genommen werden sollte. Das betreffende Mitglied, ein lieber Freund und Amtsgenosse, Oberlehrer Dr. Pilz[2]) geriet bei seinem Studium der Fabliaux auf eine andere Bahn und stellte zunächst die Bedeutung des Wortes Fabliau fest; da nun inzwischen jenes Thema noch nicht untersucht worden war, so schien es uns einer Bearbeitung würdig zu sein. Die Urheberschaft dieser Arbeit geht somit auch zurück auf den Direktor obigen Seminars, unsern hochverehrten Lehrer, Herrn Prof. Dr. Stengel, dem wir an dieser Stelle für die freundliche Uebersendung notwendiger, aber schwer erreichbarer Hilfsmittel unsern aufrichtigen Dank aussprechen.

[3]) Was versteht man heute und was verstand man im Mittelalter unter einem Fabliau? Das Fabliau ist die poetische Darstellung eines sich in den Grenzen des gewöhnlichen Lebens zutragenden Abenteuers erheiternden Inhaltes, mit dem Zwecke, bei passender Gelegenheit öffentlich recitiert zu werden.[4])

Diese Begriffserklärung, die etwas enger als die bei P. aufgestellte ist, schließt alle diejenigen „contes à rire en vers" aus, die, nur zum Lesen bestimmt, sich in mehrfacher Hinsicht von den Fabliaux unterschieden. Es sind uns 147 Fabliaux erhalten von einer sicher bedeutend größeren Anzahl; von diesen sind 92 anonym, 55 tragen die Namen von 30 verschiedenen Verfassern. Die Blütezeit der Fabliaux fällt zwischen die Jahre 1159 und 1340, welche die äußersten Data sind; die meisten sind vom Ende des XII. und dem Anfang des XIII. Jahrhunderts, sie verteilen sich über einen Zeitraum, den man wohl

---

[1]) K. p. 43. [2]) P. [3]) Die folgenden kurzen, zur Aufklärung für den Uneingeweihten bestimmten Worte sagen selbstverständlich dem Fachgelehrten nichts Neues; auch die den einzelnen Gruppen vorausgeschickten Inhaltsangaben sind etwas ausführlicher gehalten, als in Arbeiten dieser Art sonst Gebrauch sein dürfte.

[4]) P. p. 15; B. p. 6, 12 f.

das Zeitalter der Jongleurs nennen kann. Zwei Jahrhunderte fast lebte diese Dichtgattung, sie stirbt mit der Thronbesteigung der Valois.[5]

Die nachfolgende, schmucklose Zusammenstellung der Sprichwörter und Sentenzen ist nach der Ausgabe der Fabliaux von Montaiglon und Raynaud geschehen, welche von 1872—90 in 6 Bänden erschienen ist. Wie jedoch durch die Arbeit von P. und noch deutlicher durch die Abhandlung von B. erwiesen ist, sind, besonders in den 3 ersten Bänden, Stücke aufgenommen worden, die nicht in eine Sammlung von Fabliaux gehören. Von den 157 Fabliaux sind verschiedene zu streichen, andere, die übersehen wurden, hinzuzufügen.[6] Es bleiben somit 147 Fabliaux mit ca. 40000 Versen.

Die Anordnung des gesammelten Materials ist in ähnlicher Weise vorgenommen worden wie bei K. und W. Der abhandelnde Teil bleibt einem späteren Programm vorbehalten.

[5] G. P. p. 114. [6] B. p. 398.

Abkürzungen.

B.: Bédier: Les Fabliaux. Paris. 1893.
B. M.: Barbazan-Méon: Fabliaux et contes. Bd. III u. IV. Paris. 1808.
C. d. B.: Proverbes au Conte de Bretaigne, ed. J. Martin. Progr. Erlangen. 1892.
Dür.: Sprichwörter der germ. u. rom. Spr., zus. gestellt von Ida von Düringsfeld u. Otto Freiherrn von Reinsberg-Düringsfeld. 2 Bde. Leipzig. 1872—75.
E.: Ebert: Die Sprichwörter der altfrz. Karlsepen. Ausg. u. Abhandlg. XXIII. Marburg. 1884.
G. P.: Gaston Paris: Histoire de la litt. fr. au moyen-âge. 2 éd.
H. Z.: Zeitschrift für deutsches Altertum, herausgeg. v. M. Haupt. Bd. XI.
J.: Jahrbuch für roman. Philologie. Neue Folge. Bd. I.
K.: Kadler: Sprichwörter und Sentenzen der altfrz. Artus- und Abenteuerromane. Ausg. u. Abh. Bd. XLIX. Marburg. 1886.
L.: Le Livre des Proverbes Français par Le Roux de Lincy. 2 éd. Paris. 1859. 2 Bde.
Ma.: Martel: Petit Recueil des Proverbes Français. 2 éd. Paris. 1884.
M. N. R.: Méon: Nouveau Recueil de fabliaux et contes. Paris. 1823.
M. R.: Montaiglon et Raynaud: Recueil des fabliaux des 13. et 14. siècles. 6 Bde. Paris. 1872—1890.
P.: Pilz: Die Bedeutung des Wortes Fablel. Progr. Stettin. 1889.
Qui.: Quitard: Proverbes sur les femmes, l'amitié, l'amour et le mariage. Paris. 1878.
R. St.: Romanische Studien, herausg. v. Böhmer. Bd. I.
S.: C. Schulze: Die biblischen Sprichwörter der deutschen Sprache. Göttingen. 1860.
W.: Wandelt: Sprichwörter und Sentenzen des altfrz. Dramas (1100—1400). Ausg. u. Abhandlg. Marburg. 1887.
Z.: Zeitschrift für romanische Philologie von Gröber. Bd. I.
* bedeutet Sprichwort.

Zusammenstellung der Sprichwörter und Sentenzen nach ihrem Jnhalte.

A. Sprichwörter und Sentenzen, die auf die religiösen Anschauungen des Menschen Bezug nehmen.

1. Gott.

Gott ist der Herr und ein gerechter Richter der ganzen Welt; seine Hilfe zeigt sich schnell und wirksam; nur er kann dem Leben ein früheres oder späteres Ziel setzen. Gott ist ein Wohlthäter der Menschheit; er giebt uns reichlich und besonders demjenigen, der sich ihm willig hingiebt und ihm vertraut.

1. Bien sai jeo ke de tut le mund Est Deu juges e seignur. [7]) II. p. 225 v. 290; L. I p. 21, 22. W. 9, 14. — 2. Aide Deus qui tot governe! III. p. 170 v. 1; W. 22. — 3.° En petit d'eure Dieus labeure. IV. p. 92 v. 138; L. I. p. 17, 20; II. p. 475, 498; E. p. 27; K. 130. W. 3. H. Z. 187. — 4. Quar nus ne nule ne set mie Esmer de soi, ne de sa vie. I. p. 181 v. 105; L. I. p. 16. — 5. Voirement est Diex bon doublere. I. p. 134 v. 59; L. L p. 22. — 6. li Sires qui toz biens done. II. p. 122 p. 256. — 7) Il diet qu' il fesoit bon doner Por Dieu, qui reson entendoit; Que Diex au double li rendoit Celui qui le fesoit de cuer. I. p. 132 v. 6; W. 62. — 8) Qui por Dieu done à escient, Que Diex li fet monteplier. I. p. 132 v. 12; L. I. p. 19. — 9°. . . . fols est qui ne s'abandone; Cil a li bien cui Diex le done, Non cil qui le muce et enfuet; Nus hom monteplier ne puet sans grant Sur, c'est or del mains. L p. 134 v. 65; L. I. p. 16; K. 132. W. 53. Dûr. L 634.

2. Teufel.

Der Teufel besitzt große Macht und versteht es, die Menschen zu überlisten; in diesem Streben ermüdet er nicht, überall lauert er auf Beute.

10. Mès déables grant vertu a De genz engingnier et souspendre. I. p. 218 v. 590. — 11. Deables qui ne puet cesser Des genz engingnier et souprendre S'en vint au cors por l'ame prendre. V. p. 66 v. 39. — 12. Mais Deable, qui tos tens veille, S'entremist molt d'aus engignier, Tant qu'il les fist apovroier. V. p. 215 v. 19; L. I Einl. p. 13. — 13. Manfés qui en maint liu esploite. II. p. 83 v. 1117; E. 113.

3. Sünde.

Die Sünde tötet Leib und Seele, besonders die heimliche, im Verborgenen begangene.

14° Pour ce vous di, ma douce dame, Qu'aiés merci de la vostre ame; Pechié celé, ce truis escrit, L'ame et le cors ensamble ocist. I. p. 181 v. 107; L. I p. 39; Ma. 492.

---

[7]) Die römischen Ziffern beziehen sich auf die einzelnen Bände (I.—VL) von M. K.

4. Seelenheil.

Wenn die Menschen mit gleicher Sorge auf die Bedürfnisse ihrer Seele wie auf das Wohlbefinden ihres Körpers bedacht wären, würden sie das Paradies erlangen. Jeder Anteil an Gottes Gnade wird demjenigen abgesprochen, der die heilige Kirche schädigt, während Dienste der Nächstenliebe reichen Gotteslohn finden. Um seine Seele vor der Hölle zu bewahren, soll jeder sich befleißigen, Gutes zu thun und keinen bösen Leumund zu machen.

15.* Et sachiez, tels est mes recors, Qui tant por les ames feroit Con por les cors, ne sofferroit En enfer paine ne torment. III. p. 201 v. 58; W. 56. — 16. Tuit cil qui sainte yglise empirent, Sont de Damedieu dessevréz. IV. p. 172 v. 196; W. 49. — 17.* Ceo commande la lei divine Ke hom deit le malade visiter. Deus vus en rendra bon loer. II. p. 224 v. 260; W. 58, 59. — 18. Por ce ne se doit nus retraire De bien faire ne de bien dire, Que chascuns ne sait lou martire, Ne la mort dont il doit morir. Li deables set bien merir Son servise à çaux qui lo font; Car en enfer el plus parfont, Les fait aler au darien; Et cil qui sont trové en bien, En vont en joie perdurable Avec le Pere esperitable. VI. p. 253. L. II. p. 249.

5. Heiliger.

Die Heiligen haben die Aufgabe, die Menschen zur Buße zu führen.

19. . . . seintz cors sunt, Par tot le universe munt Pur pardoun receyvre e penance fere A tote gent de la terre. II. p. 245 v. 108.

B. Sprichwörter und Sentenzen, die auf das profane Leben des Menschen sich beziehen.

I. Der Mensch im Verhältnis zum Schicksal.

1. Tod.

Der Tod verschont kein lebendes Wesen; ohne Rücksicht auf Stand und Rang führt er seine Sichel; ein jeder muß, da niemand Zeit und Stunde seines Sterbens kennt, auf seinen Wink gefaßt sein, und wer einmal durch ihn hindurchgegangen ist, kehrt nicht mehr wieder. Wohlberechtigt ist die Aufforderung, aus Trauer über die Dahingeschiedenen der Lebenden nicht zu vergessen.

20.* . . . li Mors, qui roi, duc ne conte N'espargne, l'ot par son message Somont al naturel passage. III. p. 106 v. 12; L. I. p. 135; II. p. 277, 295, 318, 324/5, 351; K 204 b; Dür. I. 651, II. 449; E. 103, p. 34. — 21.* Nous mourrons tuit, ce sez-tu bien; Par la nous couvendra passer; Nus ne puet la mort trespasser Que ne reviegne par la mort. I. p. 85 v. 80; L. II. p. 310, 316, 320; E. 54, p. 26 f; Dür. II. 463. S. 133. — 22.* Aussi dist ele (l'Escriture) qu' à delivre Devons aquerre com pour vivre Et vivre com pour lues morir, Car on ne set quant doit venir A cascun l'eure de la mort. VI. p. 67 v. 413; L II. p. 225, 231, 326, 362/3, 430, 455; E. p. 27; Dür. II. 450, 456; S. 282. — 23. La mort qui toute rien efforce . . . V. p. 95 v. 6; Qui. p. 217. — 24.* Quar perte puet l'on recovrer, Mais mort ne puet on restorer. V. p. 218 v. 85; L. I. p. 268; K. 204 a; Dür. II. 458. — 25.* Lessons les mors, prenons les vis. V. p. 59 v. 214; L. II. p. 228, 333, 530; K. 212; E. 94; Dür. II. 17. S. 200. — 26.* Par foi, or ai-je mon pain cuit. I. p. 214 v. 480; L. II. p. 208.

2. Schicksal.

Zwischen Lippe und Kelches Rand schwebt der dunklen Mächte Hand; schnell, unerwartet, ohne Rücksicht auf menschliche Berechnung und auf persönliches Verdienst handelt das Schicksal und verteilt seine Gaben, so daß oft der Unschuldige zu leiden hat.

Man muß daher an einem Teile versuchen, sich so gut wie möglich zu schützen und nicht leichtsinnig das Schicksal herausfordern.

27°. . . . Salemon dist en son tens, Qu'entre la bouche et la cuillier Avient sovent grant encombrier. VI. p. 47 v. 29; L. I. p. 211, 476, 492; Dür I. 676; Ma. 118. H. Z. 177. — 28.° De ceste chose ne sovient Que li messaiges trop tost vient ni la male novele aporte. II. p. 102 v. 311; L. II. p. 242, 430, 473; Dür. I. 266. — 29° Tels rit au main, qui au soir pleure, Et tels est au soir corouciez Qui au main est joianz et liez. IV. p. 92 v. 138; L. I p. 110, 135; II. p. 332, 405, 419, 424, 483; E. 83. 100, p. 24 f; K. 138; Dür. II., 1. — 30.° Tels cuide avancier qui recule. I. p. 134 v. 72; L II. p. 421, 497; K. 155; E. 78. — 31.° L'en faut moult bien à son esmer. I. p. 99 v. 59; K. 151. — 32.° Mes teus compere le forfet Qui n'i a pas mort deservie I. p. 217 v. 586; K. 152. — 33.° Quar teus paiera notre escot Qui de tot ce ne sait or mot. VI. p. 79 v. 323; L. II. p. 423. — 34.° Or puet hon le proverbe ci Metre à point que jadis oï: Soventes foiz avient à court Que tiens ne peche qui encourt. VI. p. 45 v. 77. — 34.a° Or oiez I. proverbe estable Qui en mainz leus, ce m'est vis, cort Que tel ne pesche qui encort. IV. p. 76 v. 266; L. II. p. 75, 422/3; 483, ¶94; H. Z. 193. — 35.° C'est fabliaus nos dit et raçonte Qu' an son respit dit li vilains Que à celui doit l'an del pain Qu'on ne cuide jamais veoir; Car l'an ne cuide pas savoir tel chose qui vient mout sovant. C'est domage al plus de la gent. V. p. 200 v. 241; Dür. II. 275, Ma. 221.

3. Jugend und Alter.

Das von großer Selbstsucht erfüllte Alter hat oft kein Verständnis mehr für die Bestrebungen der Jugend; es ist dies auch erklärlich, da die jugendlichen Kräfte und Organe fehlen.

36. Mès cuers qui gist en la viellèce Ne pensse pas à la jonèce Ne au voloir de joue âge; Grant difference a el corage De viel au jone, ce m'est vis. I. p. 37 v. 391. — 37. Mes diverse est la partëure, D'une part clère, d'autre obscure; N'a point doscur en la clarté Ne point de cler en l'oscurté. I. p. 46 v. 669. — 38. Vieillir grieve sor toute rien A homme quant il est lassez. III. p. 194 v. 65. — 39.° Um dit que veeille gent sunt sourdz. II. p. 186 v. 88; L. II. p. 455.

4. Wohlhabenheit.

Es hält schwer, Besitz zu erwerben und damit zugleich die Freuden des Lebens; aber auch das Zusammenhalten des Erworbenen ist nicht leicht. Wer aus Wohlhabenheit in Armut versunken ist, kann den Wert des Besitzes erst recht ermessen. Obgleich Geld und Gut für viele großen Wert haben, so werden beide doch minder geschätzt als gediegene und umfassende Kenntnisse. Unrechtes Gut, das durch Verrat erworben ist, gedeiht nicht, und oft kehrt es zu seinem rechtmäßigen Herrn zurück.

40°. . . . on doit avoir paine Pour avoir en cest siecle avoir, Car avoirs fait sovent avoir Ricesse, joie et seignourie, Que povretés ne feroit mie. VI. p. 64. v. 324; L. II. p. 303, 412; Dür. I. 645. S. 78. — 41. Nus ne set que bons avoirs vaut S'il ne set qui sont li assaut Et li travail du pourcasier. VI. p. 54 v. 37; L. II. p. 257. — 42. . . . il ne sevent mie La grant paine ne la haschie Qu'il convient au povre homme avoir Ains qu'il puist avoir bon avoir. VI. p. 54. v. 32. — 43.° Ne Diex ne fist si chier avoir Tant soit bons ne de grant chierté Qui voudroit dire verité Que por deniers ne soit ëus. I. p. 22 v. 228; Dür. I. 612. S. 128. — 44°. . . . voir dit i a, Fous est qui en vain se travaille; Avoir vient et va comme paille. V. p. 87 v. 132; K. 642. W. 124. E. 102. — 44a° . . . avoirs va aussi ke vens. II. p. 206 v. 265. — 45.° Qui sueffre aucune fois mesaise, Jl set mieus puis conjoïr l'aise. VI. p. 54 v. 43; L. II. p. 228, 257, 486; W. 111. — 46. En. I. besant moult bien don a. I. p. 72 v. 54. — 47. Quar en. c. livres a beau don. V. p. 219 v. 122. — 48.° II. besanz valent I. mangon. II. p. 112 v. 609; L. II. p. 288; Dür. II. 554. — 49°. . . . grant savoir Qai mielz li valt que nul avoir. VI. p. 97 v. 49. L. II. p. 316, 349; Ma. 489. S. 46. — 50.° Maleoit soit mauvais avoir Et covoitise et trahison, Qu'il n'en puet venir se mal non. V. p. 232 v. 508; L. II. p. 132, 255, 280; Dür. I. 647, II. 505; Ma. 399; S. 50. — 51°. . . . droit à droit revient. IV. p. 105 v. 364; L. II. p. 290. S. 37.

5. Armut.

Die Armut verführt manchen zu unüberlegter That; ihr folgen Schande, Kummer und sonstige Unbilden dieses Lebens.

52.° Povretes fet maint homme fol. IV. p. 88 v. 25; K. 631; E. p. 24, 32. — 53.° Povretes fait mainte ame honte. VI. p. 64 v. 329; L. II. p. 369. — 54. ... c'est la riens qui plus mehaingne Cels entor qui ele se tient: Nus si granz malages ne vient. IV. p. 87 v. 6. — 55. De soif et de fain et de froit; Chascuns de ces maus sovent tient A cels qui povretes maintient. IV. p. 87 v. 12; L. II. p. 285/6. — 56°. ... fain qui nos destraint, C'est une chose qui tot vaint; Nus ne se puet de li deffendre. V. p. 84. v. 28; L. II. p. 122; Dür. l. 774 f.

6. Traurigkeit, Kummer.

Ein fester Charakter erträgt mutig Schmerz und Kummer, denn zuvieles Klagen hat keinen Wert; allerdings ist unsere Welt eine Welt des Kummers, und niemand kann ohne ihn leben. Wer sich aber durch einen unbedeutenden Anlaß ärgern oder betrüben läßt, dem geschieht eben recht. Viel Sorge bereitet sich der leidenschaftliche Spieler.

57.° Quar en trop grant duel demener Ne puet il avoir nul conquest. I. p. 166 v.°114; K. 319, E. 98. — 58.° Li doulousers seroit huiseuse, Ne riens n'i puet on conquester. IV. p. 8 v. 215. — 59.° J'ai oï dire en reprovier Grant pieça que duel de noient Seut scorer chetive gent. III. p. 24 v. 699. — 60. Mais on ne puet sans annui vivre. IV. p. 16 v. 455. — 61.° Je vous dirai bon helemot: Riens ne vaut se chascuns ne m'ot, Quar cil pert moult bien l'auleluye Qui par. I. noiseus le desluie, C'est por noient, n'i faudrai mie. I. p. 98 v. 27; L. I. p. 149. — 62.° Voirs est, c'est chose veritable, Qui ne m'en croit demant antrui, Que cil a sovent grant anui Qui jeu de dez veut maintenir. I. p. 207 v. 283; L. II. p. 84/5.

II. Der Mensch im Verhältnis zu seinen Mitmenschen.

1. Einzelne Stände, Berufe und Völker.

a. König und Fürst.

Das Wort des Königs ist heilig, daran darf nicht gedeutet werden; ebenso ist auch seine Person so hoch erhaben, daß die Verleumdungen niedrig stehender Personen ihn nicht treffen. Die Fürsten werden wegen ihrer Sparsamkeit, die oft die erlaubten Grenzen überschreitet, getadelt.

63.° Quar ce que Rois a creanté Doit par resou estre tenu. III. p. 13 v. 366; L. II. p. 480, K. 163. — 64. Quar n'affiert pas à roi d'empire S'uns fols se mesle de mesdire, Que por ce soit contralieus; Ainz doit estre forment joieus. V. p. 98 v. 99; V. p. 329. — 65. Quar chascuns (prince) recoppe et recince Et muce et repont si le sien, Hennor n'en a ne autre bien. V. p. 245 v. 75; L. II. p. 92; E. 93.

b. Ritter und Knappe.

Der gute Ruf eines Ritters darf nicht durch eine unehrenhafte That befleckt werden; es wird geklagt, daß die Zahl der tapferen und wirklich makellosen Ritter abnehme; eine Neigung zu oft nicht standesgemäßen Geldheiraten zeige sich, und aus solchen Ehen stammen die feigen Ritter. — Der Sinn des Knappen ist nicht frei von Ueberhebung; sobald er sich eines nur mäßigen Wohlstandes erfreut, denkt er sofort ans Heiraten, wodurch er dann in großes Elend gerät. Eine gewisse Ritterlichkeit gegenüber dem schönen Geschlechte kennzeichnet der letzte Ausspruch.

66.° A Chevalier chevalerie Et au clergiet afiert à estre Si com j'oï dire mon maistre. Si che nous faut, c'est Vilonnie, Sourmonte honneurs et courtoisie. II. p. 52. v. 184; K. 178. — 67. ... cil ne gaaigne mie Qui fait conquest par vilenie, Ainz pert honor par tot le monde; Jamais ne bons dit ne baus conte N'en ert de lui à cort retret. VI. p. 79 v. 325; p. 177. — 68.° Quar oevre ou vilonie cort Ne doit estre noncié à cort. V. p. 244 v. 44. — 69. Quar vilonie si defface Tote riens et tolt sa savor; ib. p. 245 v. 51. — 70. Ainsi bons lignaiges aville, Et li chastelain et li conte Declinent tuit et vont à honte; Se marient bas por avoir, Si en doivent grant honte avoir, Et grant domaige si ont il; Li chevalier mauvais et vill Et coart issent de tel gent Qui covoitent or et argent Plus qu'il ne font chevalerie; Ainsi est noblesce perie. III. p. 253 v. 24. — 71. Quant li Valles a tant gaaingné et assamblé et esparnié Qu'il a une cote en son dos, De bleu, de rouge ou d'estainfort, Et il a braies et chemises Dont a ses soingnes semplis, ... Ne il ne dort, ne il ne soingne; Et quant il a un sercotel, Dont pert il trestout son revel, Que il cuide mout bien, sans faille Valoir. X. tans que il ne vaille, Dont se commenche à forquidier Pour che se met au fol mestier. Maintenant commenche à amer Et dist se il estoit mariés Qu'il seroit sires et refais. II. p. 157 v. 3. — 72. ... li Valles va à honte Et le baisselette ensement, Qui se marie poorement. II. p. 158 v. 24; Qui p. 335/6. — 73. Li Escuiers dist: Pas n'avient A Damoisele duel à faire. II. p. 69 v. 684.

c. Geistlicher.

Dieser Stand wird in ein sehr ungünstiges Licht gestellt, und oft werden nur scheinbare Fehler ihm als wirkliche angerechnet. Gute Eigenschaften scheinen die Dichter an ihm nicht bemerken zu wollen. Die Priester sind meist wohlhabend, aber geizig; ihr Verhalten zu den ihnen unterstellten Mitgliedern der Gemeinde läßt manches zu wünschen übrig; anstatt versöhnend zu wirken, trägt ihr Verkehr im Hause des gemeinen Mannes nur dazu bei, Unehre zu bereiten und Zwist zu erregen. Ihren Worten wird selten Glauben geschenkt. Obgleich sie wenig zartfühlend gegen andere sind, verlangen sie die größte Nachsicht; so wird derjenige mit nie loszukaufender Verdammnis bedroht, der einen Priester tötet. Während die Gastfreundschaft von allen Ständen gerne gewährt wurde, liebten die Priester es nicht, jemand bei sich zu beherbergen.

Der geistliche Beruf ist ein friedlicher, ein Mönch darf sich nicht in Streit einlassen.

In ähnlichem Rufe wie die Prestre standen die Clercs, junge, oft auch schon ältere Studenten geistlicher Richtung; unter einander sollen die Clercs sich helfen und fest zusammenhalten.

74. Li prestre sont riche renté. I. p. 200 v. 58; L. I. p. 40. — 75. ... prestres avers et chiches Qui ne font bontei ne honour A evesque ne à seignour. III. p. 217 v. 60. — 76. Tuit li preste de mere né Qui sacrement de mariage Tornent à honte et à putage V. p. 170 v. 328. — 77. Recorder ai oy maint conte Que priestre ont fait as pluisörs honte Et ont à lour femme jëu Et avoec çou le leur 8u; On en conte maint lait reviel. VI. p. 257 v. 1; L. II. p. 296; Dür. I. 694. — 78. ... nus prestres por nule rien Ne devroit autrui fame amer, N'entor li venir ne aler. I. p. 197 v. 95. — 79. Par çou vous di au daarains: Priestre sont trop rade de rains; Si en ont maint homme ahonté. VI. p. 260. — 80. Cis fabliaus moustre en bon endroit, Qui enseigne à chascun provoire Que il se gardent bien de boire A tel hanap comme cil burent, Qui par lor fol sens ocis furent Et par lor grant maleürté. I. p. 218 v. 606. — 81. N'est si haut tondu Se vers Çavetier s'estoit esmëus, Qu'en la fin du tour n'ëust du pis. II. p. 30. v. 173. — 82. Jamès prestre je ne croirai. I. p. 258 v. 102. — 83. ... qui preste ocit, Il ne puet mie preste vendre. V. p. 167 v. 204. — 84. Ne ce n'est pas costume à prestre Que vilains hom gise en son estre. III. p. 229 v. 75. — 85. Nuns moines ne doit avoir guerre. II. p 119 v. 170. — 86. Cis fabliaus mostre par example Que nus hom qui bele fame ait, Por nule proiere ne lait Clerc gesir dedenz son ostel, Que il li feroit autretel; Qui plus met en aus, plus l pert. I. p. 244 v. 184; L. II. p. 121. 349; Dür. II. 198. — 87. Tuit li clerc doivent estre ami. I. p. 78 v. 238.

d. Richter.

Die Richter sprechen Recht zu Gunsten des Reichen; der Arme findet keins vor ihrem Stuhle.

88.* Covoiteus sont, jel sai de voir; Ja povres hons qui n'a avoir N'avra par eus droit en sa vie. V. p. 35 v. 110; L. I. 153; II. p. 115, 132, 375, 416.

e. Spielmann.[5])

Wer als Spielmann auftreten will, darf nicht unbegabt sein; große Aufmerksamkeit und sogar eingehendes Studium werden als notwendiges Erfordernis hingestellt. Der Spielmann soll sich nicht lange nötigen lassen zum Vortrage und auch keine Anekdote verschweigen. Er muß verstehen, nicht nur zu fabeln, sondern auch wahre Geschichten vorzutragen. Wo Feste gefeiert werden, bei Hofe, im Schloß und in bürgerlichen Kreisen erfreuen die Spielleute durch ihre Vorträge und Jongleurkünste die Gäste. Da sie überall

---

5) Die Bezeichnung ist verschieden: menestrel, truffeur, jogleur, leshëor, bordëor, pantonier.

gern gesehen sind und vieles erleben und kennen lernen, so ist es auch nicht leicht, sie zu überlisten; wenn der Spielmann im Würfelspiel verliert, so beschuldigt er dreist seinen Gegner des Falschspiels. Die Stellung der menestrel ist recht untergeordnet, da sie gewöhnlich auf die Freigebigkeit der Gastgeber oder vornehmen Schloßherren angewiesen sind; abgelegte Kleider zu tragen war für sie keine Schande. Ihre sorgenlose Fröhlichkeit findet noch darin eine weitere Ermunterung, daß sie nicht in die Hölle kommen können, weil einer ihres Gelichters die ihm zur Bewachung anvertrauten Seelen während der Abwesenheit des Teufels an den heiligen Petrus im Würfelspiel verloren hat.

89. Cil qui n'en sevent entremetre I doivent grant entente metre En penser, en estudier, Si com firent nostre ancisaier, Li bon mestre qui estre seulent, Et cil qui après vivre vuelent, Ne devroient ja estre oiseus. Mais il devienent pereceus Por le siecle qui est mauvès; Por ce si ne se vuelent mès li bon menestrel entremetre, Qar molt covient grant paine metre En bien trover, sachiez de voir. I. p. 82 v. 5. — 90. On tient le menestrel à sage Qui met en trover son usage De fere biaus dis et biaus contes C'on dit devant dus, devant contes. I. p. 70 v. 3; II. p. 78 v. 3. — 91. Mès qui de fablel fet grant fable, N'a pas de trover sens legier. L p. 153 v. 20. — 92. Qui biaus mos set conter et dire, Il ne les doit pas escondire Entre bone gent ne repondre, Ainz les doit volentiers despondre Des meillors et des plus massis Quant il voit qu'il sont bien assis Et qne chascuns volentiers l'ot, Si qu'en la fin du tout se lot. III..p. 58 v. 1; L. I. Einl. p. XLVIII., II. p. 324. — 93. Qui se melle de biax dis dire Ne doit commenchier à mesdire Mais de biax dis dire et conter. II. p. 31 v. 1. — 94. Qui de biau dire s'entremet, N'est pas merveile s'il i met Aucun bien mot selonc son sens. V. p. 65 v. 1. — 95. Qui d'aventure velt traiter, Il n'en doit nule entrelaissier Qui bonne soit à raconter. II. p. 92 v. 1. — 96. Qui fabloier velt, si fabloit, Mais que son dit n'en affebloit Por dire chose desresnable, L'en puet si bel dire une fable qu'ele puet ainsi com voir plaire. I. p. 304 v. 1. — 97.* Seignor, après le fabloier Me vueil à voir dire apoier, Qar qui ne sait dire que fables N'est mie conterres regnables Por à haute cort à servir, S'il ne seit voir dire ou mentir, Mais cil qui du mestier est fers, Doit bien par droit entre. II. vers Conter de la tierce meüre. V. p. 211 v. 3.; L. I. p. 79, II. p. 476., H. Z. 16, 148. — 98.* Delez le trosne, dessoubs le deis, As fortz chastels, es riches paleis, Truffeür se trovent et pautonier Quar mestier ert de lur mestier; Devant nostre aire en pleniere cour Sunt maint jogleur et maint lechour, Molt bien sevent de tricherie, D'enchauntements e genglerie, Et font paroistre par lur grymoire Voir come mençonge, mençonge come voire. II. p. 242. v. 4. — 99. Par tout est bien choze commune, Ce seit chascuns, ce seit chascune, Quant. I. hom fait noces ou feste, Ou il a genz de bone geste, Li menestreil, quant il l'entendent, Vont la, soit amont, soit aval, L'un à pié, l'autres à cheval. II. p. 223 v. 38. — 100.* Qui menestreil vuelt engignier, Mout ne porroit mieulz bargignier, Car moult soventes fois avient Que cil por engignié se tient Qui menestreil engignier cuide, Et s'en trueve sa bource vuide; Por ce devroit estre estanchiée la vilonie c'om lor fait, Garson et escuier forfait, Et teil qui ne valent deux ciennes. III. p. 222 v. 1; L. II. p. 420. — 101. Mes c'est constume de ribaud, Quant on ne fet sa volonté Si dist c'on li change le dé. V. p. 73 v. 270. — 102. Bien doit estre vavassors vils Qui veut estre menestrels. III. p. 42 v. 206. — 103. C'apertient à ces jougleors, Et à ces bons enchanteors, Que il aient des chevaliers Les robes, que c'est lor mestiers. III. p. 42 v. 213. — 104. Or facent joie li jougler, Feste es solaz à lor talent, Quar ja d'enfer n'avront torment; Cil les en a treztoz getez, Qui les ames perdi aus dez. V. p. 79 v. 414. —

f. Kaufmann.

Dem Kaufmann gelingt nicht alle Tage ein gutes Geschäft.

105. . . . marcheant Ne sont pas toz jors bien cheant. III. p. 225. v. 97; L. II. p. 137.

g. Bauer.

Während der Spielmann seinen Berufsgenossen ein heiteres Bild von dem Jenseits malt, wird dem Bauer mit allen Schrecken der Hölle gedroht; jede Teilnahme an der paradiesischen Seeligkeit habe er durch seine niedrige Gesinnung verloren; eine Stelle will sogar, daß er weder im Paradiese noch in der Hölle wohnen solle.[9]) Viele böse Eigenschaften haften ihm an; schon sein Name — vilain — deute auf seine wichtigste

---

[9]) cf. III. p. 209. Nr. 81: Du vilain qui conquist Paradis paar plait; hier erringt er durch seine Verteidigungsrede den Eintritt ins Paradies.

Eigenschaft — vilonie — hin. Hervorzuheben ist seine Undankbarkeit gegen seinen Wohlthäter; wer mit dem Bauern in nähere Verbindung tritt, dem erwächst Schmach und Schande aus derselben. Obgleich er im allgemeinen wegen seiner Einfalt angeführt und ausgebeutet wird, so muß ihm doch eine gewisse Schlauheit zuerkannt werden. Große Verwandtschaft im Charakter haben der Bauer und sein Knecht; dieser hat sein vornehmliches Streben nur auf das Sinnliche gerichtet, bei ihm hängen die Laune und der Magen innig zusammen.

106.* En Paradis l'esperitable Ont grant part la gent charitable, Mes cil qu'en aus n'ont charité, Ne bien, ne pais, ne loiauté, Si ont failli à cele joie Ne ne cuit je que ja nus en joie, S'il n' a en li pitié humaine. Ce di je por la gent vilaine C'onques n'amerent clerc ne prestre, Si ne cuit pas que Diex lor preste En Paradis ne leu ne place. Onques à Ihesu Crist ne place Que vilainz ait herbergerie Avec le Fil sainte Marie; Car il n'est raison ne droiture, Ce trovons nos en Escriture: Paradis ne pueent avoir Por deniers ne por autre avoir; Et à Enfer ront il failli Dont li maufé sont mauhailli III. p. 103 v. 1, W. 69. — 107. Ensorquetot, par saint Alain, Nous n'avons cure de vilain, Quar vilains ne vient en cest estre. III. p. 210 v. 26. — 108. ... en Enfer ne en Paradis Ne puet vilains entrer sans doute. III. p. 105 v. 64. — 109. ... sont li vilain Felon, quivert, failli et vain, Maleureus de toute part, Hideus comme leu ou lupart Qui ne sevent entre gens estre. II. p. 49 v. 138. — 110. *Quar vilain vient de vilonie. I. p. 268 v. 407; L. II. p. 106; Dür. I. 149. — 111.* Nus n'est vilains, se de cuer non, Vilains est qui fait vilonie, Ia tant n'iert de haute lingnie. B. M. III. p. 29 v. 44; L. II. p. 479; E. p. 29. — 112. De cest example en est la force, Qu'il n'est nus deduis entressait, Fors de chier que vilains ait. Et podr ce que vilain conchient Toz les biaus lieus, et qu'il y chient Par deduit et par esbanoi, Si voudroie, foi que je doi Et aus parrins et aus marines, Que vilains chtast des narines. B. M III. p. 29 v. 34; L. I. Einl. p. XXXI. — 113* Moult dit bien voir que ce retret: Qui vilain fet honor ne bien, Celui het il sor toute rien, Tel loier a qui ce encharge. I. p. 268 v. 392; L. II. p. 90, 105/6; Dür. I. 157. II. 302. — 114.* Ie méisme tesmoin et di, Qui à vilain fet bien, se pert. M. N. R. I. p. 209 v. 550. — 115. Moult a de honte et peu est plains Chiex qui se leuwe à ces vilains II. p. 164 v. 207. — 116. Iamar de çon serés douteus: Caus fers n'est mie morterous. IV. p. 86. v. 128. — 117.* Li vilains reproche du chat Qu'il ,set bien qui barbes il leche. I. p. 174 v. 167; L. I. p. 156, II. 464, 474, 487. — 118.* C'est la costume du bouvier, Ia n'en ert liez s'il ne manjue. I. p. 281 v. 782; Dür. II. 567.

h. Normanne, Lombarde.

Den Normannen wird eine Vorliebe für litterarische Erzeugnisse, für Fabliau und Chanson, nachgesagt; die Lombarden besitzen nicht große Kühnheit.

119. Usages est en Normendie Que qui herbergiez est, qu'il die Fablel ou chançon die à l'oste. VI. p. 117 v. 1; L. I. p. 371. — 120. ... en Lonbardie Ou la gent n'est gaires hardie. III. p. 252 v. 11.

2. Einzelne Klassen der menschlichen Gesellschaft.

a. Kinder, Eltern, Verwandte.

Der Charakter der Eltern vererbt sich oft auf ihre Kinder. Ein Zeichen für die Entartung der Menschheit ist, daß sogar der Sohn den Vater zu betrügen sucht und die Tochter den Ermahnungen der Mutter wenig Ohr schenkt. Darum wird den Eltern ans Herz gelegt, ihren Kindern nicht blindlings zu trauen, besonders vor ihrem Tode nicht alles Besitztum aus den Händen zu geben; zwar ist ohne einiges Vermögen schwer ein Hausstand zu gründen. Den Verwandten, die weniger wohlhabend sind, soll man freundlich begegnen, vorausgesetzt, daß sie nicht Verbrecher sind. Wer sein Kind ehrt, der ehrt sich selbst.

121.* Li fils doit resambler le pere. II. p. 260 v. 107, K. 5, W. 132; Dür. II. 645. — 122* Chascuns retrait à sa nature. M. N. R. I. p. 57 v. 628; K. 829; E. p. 31/2. — 123. Si est mais li siecles menés Que li fius engigne le pere, Si n'ert mais jors qui ne pere Ci et aillors, si com je cuit, Car plus sont li enfant recuit Que ne sont li vieillart barbu. IV. p. 86 v. 130. L. I. p. 272; Dür. I. 852. — 124. Par cest fablel vueil enseignier Que tels cuide bien chastier Sa fille de dire folie, Et quant plus onques le chastie, Tant le met l'en plus en la voie De mal fere, se Dieus me voie. V* p. 108 v. 200; L. I. p. 216. —

125. ... cls n'est pas plains de savoir Mals de folie s'entremet Qui tot le sien à son fil met, Que nus ne fera ja son bon Si de l'autrui comme du son; L'autrui chose estoit com demant, Du vostre vo commandement Ferés, sans mesure et sans conte. II. p. 7 v. 155; L. II. p. 236; Dûr. I. 140, 906. — 126. Bien se doivent tuit cil mirer Qui ont enfans à marier. Ne fetes mie en tel maniere, Ne ne vous metez mie arriere De ce dont vous estes avant. Ne dones tant à vostre enfant Que vous n'i puissiez recouvrer, L'en ne se doit mie fier, Que li enfant sont sans pitié; Des peres sont tost anoié, Puis qu'il ne se pueent aidier. Et qui vient en autrui dangier Molt vit au siecle à grant annui, Cil qui vit en dangier d'autrui Et qui du sien méismement A autrui livroison s'atent; Bien vos en devez chastoier. I. p. 95 v. 397; L. II. 389, 395. — 127. ... ne doit avoir nourechon Li femme ki n'a se maison. II. p. 168 v. 321. — 128. Mes on ne doit pas, ce me samble, Avoir, por nule povreté, Son petit parent en viuté, S'il n'est ou trahitres ou lerres; Que s'il est fols ou tremeleres, Il s'en retret au chief de foiz. I. p. 219 v. 620; L. I. p. 272, II. 447; K. 15; Dûr. I. 152. — 129. Tel i a son enfant enore. V. p. 162 v. 70.

b. **Frau**[10]) **und Mann.**

Weil das Weib als ein Wesen niederer Art von bösem Charakter angesehen wurde, so ist es nicht zu verwundern, wenn das Urteil über das ganze weibliche Geschlecht sehr ungünstig ausfällt. Selten wird von guten und lobenswerten Eigenschaften gesprochen. Wer eine gute Frau heiratet, besitzt einen großen Schatz; sie ist einer schlechten Handlungsweise nicht fähig und wird ihren Mann in keiner Weise durch Schmeichelei zu täuschen und dann zu hintergehen versuchen. Oft geschieht es, daß die Frau unschuldig angeklagt und verurteilt wird, und daß gerade die von allen Verehrte solchen Preis nicht verdient. Die guten Frauen besitzen großes Zartgefühl und scheuen sich Unschickliches zu reden.

130.* Molt a qui bone feme prent, Qui male prent, ne prent nient. VI. p. 102 v. 221; L. L 220 f.; K. 306; Dûr. II. 606; Qul. p. 5. — 131. Cuidiez vous pour nule povreté Que preude fame se descorge? Nenil, ainz se leroit la gorge Boier à un tranchant rasoir Qu'ele féist ja por avoir Chose dont ses sire éust blasme. I. p. 216 v. 593. — Et bone fame, sanz mentir, Ne set pas son baron blandir Ne esplumer ne aplanir: Pleinement li fet sa droiture. Preude fame ait bone aventure Qui crient et aime son seignor Et qui toz jors li porte honor; Le plusors ont grant hardement Que je cuit au mien escient. VI. p. 32 v. 240. — 132.* Sachiez de voir, tele est blamée Qui vaut moult miex que la loée. I. p. 182 v. 125. — 133.* Car bien vous puis dire et conter Que plus puet on de mal noter En fame qui trop se fet coie Qu'en cele qui demainne joie, Et qui parlanz est et haitiée. V. p. 44 v. 35; K. 278; Dûr. II. 398/9. — 134.* Par verité puet en bien dire Qu'en sordit tele par envie Qui n'a corage de folie. V. p. 45 v. 54. — 135. Ie di des hommes mariez, Et c'est provée venités, Quant de lour fames sont jalous, Ce est de ceus qui plus sont cous, Que cele qui pense folie, C'est cele qui plus aplanie Son baron et oste la plume Et plus le deçoit par costume et oste le poil du mantel. VI. p. 31 v. 229; L. II. p. 452. — 136. ... nule fame, S'ele n'est se trop male teche Ne doit nommer cele peesche Qui entre les j..... pendeille A ces hommes. V. p. 102 v. 37.

Klagend beginnt ein Fabliau, es sei doch schade, daß man von den meisten Frauen so wenig Gutes berichten könnte; ja, wenn ihr Herz gesund, wahrhaft und beständig wäre, dann gäbe es kein schätzenswerteres Kleinod auf der ganzen Erde; aber gerade ihr Wankelmut und ihre Launenhaftigkeit machen es dem Dichter so schwer, sie zu preisen. Gewöhnlich erscheinen sie zu schwach, um aus den an sie herantretenden Versuchungen siegreich hervorzugehen, und nicht selten geraten sie durch eine Freundin in eine solche. In ihrer Launenhaftigkeit thun die Frauen oft aus Trotz das Entgegengesetzte und Verkehrte, und von einer liebgewordenen Gewohnheit lassen sie ebenso schwer wie ein kleines Kind.

137.* Ha! Diex, s'eles les cuers éussent Entiers et sains, verais et fors, Ne fust el mont si granz tresors. Et c'est grant domages et granz dels Quant eles ne se gardent miex: A poi d'aoite sont changiés Et tost mués et plessiés. Lor cuer samblent cochet au vent; Quar avenir voit on souvent Qu' en poi d'eure sont leur corages Muéz plus tost que li orages. I. p. 24 v. 10; L. I. p. 106, 219, 224, 231; II. p. 375, 386, 490, 524; K. 262, 271; E. p. 25, 26, 34; Dûr. 98, II. 608; Qui p. 15, 19. — 138. Quar fame est

---

10) cf. B. p. 282.

mout tost atirie Aplorer et à grant duel faire, Quant ele a L poi de contraire, Et tost ra grand duel oublié.
III. p. 118 v. 10. — 139.* Fame est de trop foible nature, De noient rit, de noient pleure, Fame aime et het
en trop poi d'eure, Tost est ses talenz remuez. III. p. 122 v. 123. — 140. Ia Diex ne li face pardon, Qui
d'eles dira fors que bien, Ne de lor c .. pour nule rien: Quar il y a moult bon estruit. B. M. IV. p. 196
v. 77. — 141. Quar à mal puet l'en atorner Fame quant l'en l'ot trop parler Autrement que ele ne doit. Por ce
chascune se devroit Garder de parler folement. V. p. 102 v. 21. — 142. En poi d'eure est pucelle basse Et bien mise à
son pain gaaignier. II. p. 66 v. 618. — 143. Bien puet une fame engignier Cil qui deçoit un chevalier. M. N. R. 1. p. 204
v° 389. — 144. ... cil qui entend et ot ses bons ators, Set bien de fames les tristors, Car il descovre bien lor mors Et lor
nature. M. N. R. I. p. 59 v. 692. — 145. Par cest fableau poez savoir Que cil ne fait mie savoir Qui de nuiz met
sa feme hors: S'el fait folie de son cors, Quant el est hors de sa maison, Lors a ele droite achoison Qu'elle
face son mari honte. IV. p. 81 v. 427; L. I. p. 224, II. p. 261; Dür. I. 482, 485. — 146. Par cest fablel
vos vueil monstrer Por poi puet on fame trover Qui de son cors face mesfait, Se par autre feme nel fait.
Tele est bien en sa droite voie, Se feme velt qui la desvoie Qu'el seroit nete, pure et fine. V. p. 23 v. 655;
W. 160. — 147. Quant li femme entre en le reddie U faice savoir u folie, Anchois mangeroit fer u boise
Quele ne vainque u qu'ele voiase. II. p. 161 v. 111; K. 281. — 148. ... c'est de plusors la costume, Qui
les chastie ses alume; Et s'est bien droiz que plusors sont, Que ce qu'on lor desfant ce font Et qui lor
proleroit del faire, Tot tens feroient le contrere. V. p. 46 v. 85. — 149. Car fame, selonc sa nature, La
riens, que miex ara en cure Et tout ce que miex li plaira, Dou contraire samblant fera. I. p. 322 v. 113.
— 150. Mout es fous qui à fame mort Costume n' à petit enfant. V. p. 182 v. 92; L. I. p. 224; K. 284;
Dür. I. 481. — 151.* Car fort chose est d'acoustumance. I. p. 325 v. 218; L. II. p. 234, 279, 356; Dür
I. 598/9; Ms. 328.

In ihren geistigen Fähigkeiten stehen die Frauen nicht auf sehr hoher Stufe; ihre
Gedanken sind thöricht und voll unberechtigten Stolzes; darum erkennen sie oft, wenn
sie noch ledig sind, den aufrichtig Liebenden nicht heraus aus der Zahl der Verehrer
und glauben sich etwas zu vergeben, wenn sie ihm ein Zeichen der Gegenliebe schenken.
Sie sind sogar hart und sträuben sich gegen die Allgewalt der Liebe; daher bleiben viele
von ihnen unbegehrt und unvermählt. Die Frau ist in ihrer Liebe ungenügsam und begeht
gar schlimme Dinge; ihre Zurückhaltung darf nicht immer als aufrichtig angesehen werden.
Dem Manne wird empfohlen, in seiner Sorge für sie nicht zu weit zu gehen, denn sein
Bemühen sei fruchtlos. Als ein Hauptfehler gilt ihre Schwatzhaftigkeit, die nach dem
vorletzten Ausspruch einen besonderen Grund hat.

152.* ... fames ont foles pensées. V. p. 203 v. 69; p. 363; L. I. p. 72, 228; K. 264. — 153.* ...
ce sachiez, par ces grenotes Sont les femes fieres et sotes. VI. p. 114 v. 573. — 154. ... je cuit un mien
escient C'une fole entreprenderoit Ce qu'as enz veïr n'oseroit. VI. p. 32 v. 248. — 155. Quant feme est cer-
tainement Que home est de s'amor espris, Se il devoit arragier vis, Ne vorroit ele à lui parler; Plus volen-
tiers iroit joer A un vill pautonier failli Qu'el ne feroit à son ami. S'ele l'aime de nule rien, Si m'aïst Diex,
ne fait pas bien; La dame qui ainsi esploite; De Diex suit ele maléoite, Quar ele fait molt grant pechié.
Quant el a l'ome entrelacié Du mal dont en eschape à peine, Ne doit pas estre si vileine Que ne li face
aucun secors, Puis qu'il ne puet penser aillors. II. p. 93 v. 32. — 156. Mout en y a ancor de celes Et des
dames et des puceles Qui tout ainsis le font ou pis, Qui avrient de bon maris. Mais ne daignent, qu'orguieus
les vaint. Ainsis en voi maintes et maint; Les unes sont si pou estables, Forgier se font en ses estables
A garçons ou à charretiers, Qui puis en ont mauvais luiers; Les autres prenent un vilain. Vous qui avez
oï ceste conte, Orguieus, desdaing ne vous sormonte; Mariez vous selonc le tens Adonc quant liens en iert
et tens. IV. p. 331. — 157. A paine porroit l'en choisir Fame qui se puisse tenir A son seignor tant seu-
lement, Ia tant ne l'aura bel ne gent; Quar la nature tele en ont, Qu'els requierent, ce sachiez — vous;
Et li mari si sont vilain Et de grant felonie plain, Si ne nous oson descouvrir Vers aus, ne noz besoins
gehir, Quar por putains il nous tiendront, Se noz besoins nous por nous savoient. I. p. 183 v. 147. — 158. Ie
di en la fin de mon conte Que, s'une fame avoit un Conte Le plus bel et le plus adroit et le plus alosé
qui soit, Et fust chevaliers de sa main Meillor c'onques ne fut Gavain, Por tant que il fust escoillié, Tost
le voudroit avoir changié Au pior de tout son ostel, Por tant qu'ele le trovast tel Qu'il la f . . tist
tost et sovens. III. p. 75 v. 203. — 159.* Quar il n'est femme terriienne Qui ja puust I. homme amer, Mès
qu'ele l'oïst diffamer D'estre mauvès ouvrier en lit De fere l'amoureus delit, Et sus ce point fu rampoinex:
Bien savez, le coc chaponnez Est as gelines mal venus; Aussi homme qui est tenus à mal ouvrir est dechaciex
Entre fames, bien le saciez, Ce seront nonnains ou begines, Si com chopons entre gelines. III. p. 250 v. 98;
L. I. p. 155. — 160. Car à. c. hommes par mesure Livreroit fame estat Et lor diroit à l'angle mat.
III. p. 191 v. 154. — 161.* Qui ce ne fet, l'amor se tolt De jone fame quant il l'a, La bone joie n'en aura,

Quar jone fame bien pêne Sovent voudroit estre f... III. p. 68 v. 18; L. II. p. 229; Dür. I. 478. — 162. Si li a fet icele cose Que femme aimme sor toute cose. III. p. 56 v. 57. — 163. La fame por nul garniment N'amera si bien son mari Com por fere ce que je di. III. p. 69 v. 47. — 164.* Le feu qui tout adès alume, Ne peut estaindre, n'i vaut rien. I. p. 326 v. 230, S. 106. — 165. Car au mont n'a grenier si grant Que Moriax ne meist à noiant. I. p. 325 v. 209. — 166.* Bien vous en croy, quar en sentier Qui est batus ne croist point d'erbe. III. p. 249 v. 78; L. I. p. 76; Dür. II. 602; Ma. 393. — 167... * l'an dit, que il a en c... Mout douce et mout soëf beste. IV. p. 161 v. 90. — 168. Quar ne vaudroit une eschaloingne Fame, s'ele n'avoit tesnière Mise près de la creponière. B. M. IV. p. 195 v. 32. — 169. Molt seroit malveis au civé Li connins que li fuirons chace. Molt est fox qui tel connin trace; Mielz li venroit trover deus lievres, Quar cil connins est si enrievres Qu'il ne puet faire bele chiere S'il n'a fuiron en sa tesniere. II. p. 239 v. 135. — 170.* Par cest essanple monstrer vueil Que femes n'aient point d'orgueil De f.... paller hautement, Quant il f.... tot igalement. Mieldres raison est que se haucent: Teue en parolent qui l'essaucent, Quar molt a entre faire et dire; Mais li cus plus que corde tire. VI. p. 206 v. 223; L. II. p. 254, 291, 296, 320, 351. — 171. Fous est qui por les bons sa feme Se grieve tant con je sui faiz. IV. p. 145 v. 52. — 172.* Por ce tieng je celui à fol Qui trop met en fame sa cure. III. p. 122 v. 123; L. II. p. 305, S. 106. — 173. Par cest essanple vos deffant Que se nus de vos fame prant, Vos lo devez mout bien savoir: Ne faites pas vostre poolr D' à li gesir au premierain, Que quant vanroit au darrien Por fol vos porriez tenir. Si ne le porroiez fornir Ce qu'avreiez comancié, Ele avroit mout tost porchacié Qui li feroit autant o plus, Et por ce nel doit panser nus. V. p. 182 v. 101; L. I. p. 230. — 174. Un pet li a fet sor la langue, Por ce a fame tant de jangle; Por ce borde ele et jengle tant. B. M. IV. p. 196. v. 66. — 175. Por ce le doit l'en moult soufrir, De parler ne se puet tenir Se n'est par amors ou par don. B. M. IV. p. 196 v. 74.

An List und Verschlagenheit übertreffen die Frauen alle andern vernunftbegabten Wesen; auch die als Muster des Scharfsinns bekannten Weisen müssen sich vor ihnen neigen; kein Riegel, kein Haus schützen den Unglücklichen, der ihren Zorn erregt hat. Ihre vollständige Unempfindlichkeit gegen die Wahrheit wird mehrfach hervorgehoben. Wie das Epheublatt seine immergrüne Farbe behält und sich durch alle Jahreszeiten gleich bleibt, so ist auch das Herz der Frau stets darauf bedacht, ihren Mann zu betrügen und ihm die Treue zu brechen. Dieser ist, zumal wenn er große Einfalt zeigt, ein Spielball in ihrer Hand; jede Auflehnung wird ihm widerraten. Falls der Mann sich vermessen sollte, seine Frau überlisten zu wollen, wird ihm nicht nur doppelte, sondern zwanzigfache Vergeltung zu teil werden; eher würde. es ihm gelingen, den Teufel selbst zu hintergehen. Schon seine Frau auf allen Wegen zu hüten und zu bewachen, ist oft ein vergebliches Unterfangen, da der Mann die unglaublichsten Dinge als bare Münze hinnimmt und sogar seinen eigenen Augen weniger traut als denen seiner Frau. Eine gewisse Ueberwachung wird jedoch andererseits wieder empfohlen. Mancher ehrenwerte Mann ist nicht nur angeführt und betrübt, sondern sogar entehrt und von Haus und Hof getrieben worden. Eine seltene Ausnahme bildet ein Bauer, der, allerdings wider Willen, durch die Schlauheit seiner Frau Arzt wurde.

176.* Fame a trestout passé argu; Par lor engin sont deceû Li sage dès le tens Abel. I. p. 120 v. 85; IV. p. 136 v. 87; L. I. p. 221, 228; E. p. 29; Dür. I. 481, II. 612; Qui p. 21, 22, S. 156, 163. — 177.* Fame, tant sez malavanture, Soz ciel n'a nule criature. V. p. 136 v. 111; K. 287, S. 164. — 178* Par cest fablel poez savoir; Molt sont fame de grant savoir: Tex i a et de grant voisdie, Molt set feme de renardie, Quant en tel manière servi son bon ami. II. p. 240 v. 169; L. I. p. 229; Qui p. 23, 29. — 179. Plus conquiert ele par sa boisdie Et par sa lobe Que cil qui prent et robe. M. N. R. I. p. 49. v. 366. 180. Mabile qui plus savoit barat et guile Que fame nule qui i fust. V. p. 52 v. 32. — 181* Meson ne clos ne ount durée Vers femme, quar son engyn passe Tot ce que autre engyn compasse. II. p. 183 v. 14. — 182.* Fame est fete por decevoir; Mençonge fet devenir voir, Et voir fet devenir mençonge. I. p. 19 v. 151; K. 276, E. p. 29. — 182.a* Or oroiz sa une merveille Conme fame set decevoir Et dire mançonje por voir. V. p. 134 v. 80. — 183. A feme qui tel mestier fait Et qui veut amer par amors, Couvient savoir guenches et tors, Et enging por soi garantir; Bien covient que aucune mentir Tele eure est, pour couvrir sa honte. III. p. 275 v. 9. — 184. Jehans li Galois d' Aubepierre Nous dit si com la fuelle d'ierre Se tient fresche, nouvelle et vers, Est li cuers de la fame ouvers Tous tens por l'ome decevoir. III. p. 102 v. 419. — 185.* Enseignier voil par ceste fable Que fame est plus que deiable Et certeinement lo sachiez. Les iaux enbedeus li sachiez Se n'e a esciant dit voir. Quant ele viaut ome decevoir, Plus l'an deçoit par sa parole Que om ne feroit par engin.

De ma fable far tel defin Que chascun se gart de la soe Qu'ele ne li face la coe. IV. p. 165 v. 213; L. I. Einl. p. LVII. 224; K. 288; Dür. I. 461. — 186.*... cil n'en doit parler jamès De chose que sa fame face, Ne n'orra noise ne menace. Rutebues dist en cest fablel: Quant fame a fol, s'a son avel. III. p. 197 v. 168. — 187. Mès quant fame a fol debonere Et ele a riens de lui afere, Ele li dist tant de belluee, De trufes et de fanfelues Qu'ele li fet à force entendre Que li cieus sera demain cendre. III. p. 192 v. 9; L. II. p. 213. — 188. Par cest fablel prover vous vueil Que cil fet folie et! orgueil Qui fame engingnier s'entremet, Quar qui fet à fame. I. mal tret, Ele en fet X. ou. XV. ou. XX. I. p. 254 v. 263; L. I. p. 235; Dür. II. 93. — 189. Por ce tieng je celui à fol Qui jure son chief et son col Que fame nel porroit bouler Et que bien s'en sauroit garder. Mais il n'est pas en cest païs Cil qui tant soit de sens espris Qui mie se peust guetier Que fame nel puist engingnier. I. p. 292 v. 107. — 190. Contre le c... ne vaut engin. II. p. 139 v.. 52. — 191.* Qui fame vorroit decevoir Ie li fais bien apercevoir Qu'avant decevroit l' Anemi Le deable, à champ arrami. III. p. 192 v. 1; L. I. p. 230; II. p. 527, 532. — 192.* Fols est qui fame espie et guete. I. p. 259 v. 118; L. I. p. 235; K. 277; Dür. II. 610. — 193.* Mès li fabliaus dist en la fin C'on doit por fol tenir celui Qui mieus croit sa fame que lui. IV. p. 216 v. 114; L. I. p. 226, 230; II. p. 442, 526; W. 140; E. 15; Dür. II. 475. — 193 a. Par cest fablel poez savoir Que cil ne fet mie savoir Qui mieus croit sa fame que lui: Soventl'en vient honte et anui. V. p. 207 v. 187. — 194.* — Qui fame croit, si est desvés. III. p. 122 v. 129; Qui p. 100, 110. — 195.* Molt par est fols qui nule en croit, Que chascune le sien deçoit. III. p. 18 v. 505. — 196.* Seignor, fols est qui fame croit Fors tant comme il l'ot e la voit. III. p. 75 v. 201; L. II. p. 322. — 197. Li hon est trop musars et ivres Qui à feme fait nul marchié. V. p. 182 v. 96. — 198. Cis fabliaus aus maris promet Que de folie s'entremet Qui croit ce que de ses iex voie; Mes cil qui vait la droite voie, Doit bien croire sans contredit Tout ce que sa fame li dit. III. p. 45 v. 306. — 199.* Li asniers une chose pensse, Et li asnes pensse tout el; Tost aura-il mauvès ostel. L p. 120 v. 103; L. I. p. 141, II. p. 483, 485: Dür. I. 425. — 200. Et plus sovent la (aventure) recordes: Se nus en mescroit sa moillier, Por ce s'en sara mieux gaitier. VI. p. 33 v. 267. — 201.* Maint preudome a esté trahi Par fame et par sa puterie. Por ce chasti je toute gent Qui cest fablel oient conter, Qu'il ne se doivent pas fier En lor fames, n'en lor mesnies, Se il nes ont ainz essaïes Que plaines soient de vertus. Mains hom a esté deceus Par fame et par lor trahison. L p. 171 v. 94; L. I. p. 37, 341; E. 53. — 202. Mès maint preu dome en sont destruit, Honi en sont et confondu Et lor avoir en ont perdu. B. M. IV. p. 196 v. 81; Dür. I. 303. — 203. Par sa fame et par sa voisdie Fu bons mires et sans clergie. III. p. 169 v. 393.

Obgleich nach der göttlichen Ordnung das Weib dem Manne unterthan sein soll, so findet man doch vielfach das umgekehrte Verhältnis; darum wird der Mann ermahnt, wohl darauf zu achten, daß er die Oberhand behalte, und die Frau, daß sie sich nicht auflehne. Besonders eifersüchtig auf ihre Stellung müssen die Ehemänner sein, welche ihre Frauen sehr streng behandeln oder gar verachten, denn im Falle eines Umschwunges im häuslichen Regimente kämen sie dann in eine böse Lage, wenn Gleiches mit Gleichem vergolten würde. Zu bedauern ist allerdings der Mann, den die Frau vermöge ihrer größeren Kraft zu lebenslänglicher Knechtschaft zwingt. Um eine vernünftige Verteilung der häuslichen Machtbefugnisse herbeizuführen, soll sich niemand scheuen, thatkräftig vorzugehen, und wenn die Frau dennoch ihre herrischen Gelüste nicht unterdrücken kann, so schadet eine körperliche Strafe ihr keineswegs; wenn auch Vertreterin des schwachen Geschlechts, kann sie wohl eine tüchtige Züchtigung vertragen, da sie, aus einer Rippe geschaffen, auch ebenso gefühllos sei wie diese.

204.* Ne ja ostel n'ert à honor Dont la dame se fet seignor: Et fames ceste coustume ont, Et volentiers toz jors le font, Qu'elea aient la seignorie Sor lor seignor; por c'est honie Mainte meson qu'est sans mesure. L p. 185 v. 201; L. I. p. 173, 195, 225; Dür. I. 479, 711; Qui p. 28, 49, S. 265. — 205. Que tu ton baron serviras Si com preude fame doit fere, Ne jamès por nul mal afere Ne te droceras contre lui. I. p. 109 v. 349. — 206.* Feme ne fet vilté greignor Que de vill tenir son seignor. VI. p. 111 v. 489; Qui p. 54. — 207.* Teus est de cest fablel la some: Dahet feme qui despit home! VI. p. 116 v. 616; L. I. p. 225. — 208. Vos qui les femmes despities, Por Deu vos pri et por pitié, Sovengne vos le icele hore, K'ele est desous et vos desore. De vos qui esteis aduin... Ne soies de riens en esmai: Li aduin ont melhor mai Ke n'ont li felon combatant, Ki les noises vont commencbant. II. p. 213 v. 487. — 209. Seignor, qui les femes aves, Et qui sor vos trop les leves, Ques faites sor vos seignorir, Vos ne faites que vos honir. VI. p. 95 v. 1. — 210. Celi qui point set de raison, Deves tenir por fol bricon, Qui sa feme laisse puiier N'o

---
11) No. 203 ist zwar weder Sprichwort noch Sentenz, — kann aber als Hinweis auf Molière's Médecin malgré lui dienen.

premier an à so hauciar.... Que solement d'un fol regart La o ele l'orra parler, La face il trestoste tranbler; Et cil qui autre chose en fait Li porchace son mauvais plait. IV. p. 156 v. 63. — 211. Il est mout fols qui trop sorporte Talent de fame, c'est folie Autresic comme de famie. V. p. 60 v. 244. — 211 a. Fols est li hons qui trop sorporte Soulas de fame qui est faille, Moult plus ne vaut que fet paille. V. p. 313. — 212. Honis soient cil, et si erent Cil qui trop leur fames danglerent! Les bones dames honor aient Qui leur seignors à honor traient. VI. p. 239. — 213.* Et si le dis tout as preudommes: Pour chou (si nous le vous) dissommes C'ains Dieus ne fist li mal avoir Comme de male femme avoir, Que femmes font et mal et bien: On nes puet tenir en loiien. Qui bone l'a, si le maingtienne Et la mauvaise son frain tiegne. V. p. 302; L. I. p. 223, II. p. 535; Dür. I. 258; Qui p. 79. — 214. Bien i poes prenre essanplaire Que vos ne deves mie faire du tot le bon à vos moilliers, Que mains ne vos en tignent chiers. Les foles deves chastoier Et si les faites ensaignier, Que n'en doivent enorguillir Vers lor seignor ne seignorir, Mais chier tenir et bien amer, Et obeir et onorer. S'eles ne font, ce est lor honte. VI. p. 95. v. 7; Qui p. 374. — 215. Ainz, que je aie cest fablel Finé, vous dis je bien en foi Se vos fames mainent bufoi Deseur vous nul jor par male art, Que ne soies pas si musart Que vous le souffres longuement, Mes fetes aussi fetement Come Hains fist de sa moillier Qui ainc ne le vout adaingnier, Fors tout le mains que ele pot, Dusques à tant que il li ot Battu et les os et l'eschine. I. p. 110 v. 401; L. I. p. 161; Qui p. 45. — 216. Benoit soit il et cil si soient, Qui lor males femes chastoient, Cil sont honi, et il si sont Qui lor feme tal dangier ont. Les bones deves mout amer et Chier tenir et hennorer. VI. p. 115 v. 608. — 217.* Hues Piaucele qui trova Cest fablel, par reson prova Que cil qui a feme rubeste, Est garnis de mauvese beste. I. p. 97 v. 3; L. I. p. 231, 228. — 218.* Voir dit qui dit, ne fu pas fous: Fame soferoit plus de cous Que une anesse de. II. ans De mal et de poins. II. tana. V. p. 140 v. 243; Dür. II. 314. — 219. Por ce sueffre fame tant cops Que nostre sires le fist d'os. Qui a coustume à batre Deus foiz le jour ou trois ou quatre, Au premier jor de la semaine, Dix foiz ou douze la quinsaine, Ou ele jëunast ou non, Ele n'en vaudroit se miex non. B. M. IV. p. 194 v. 11. — 220. Cil qui fame vaut justisier Chacun jor la puet combrisier Et l'endemain rest tote saine Por resoufrir autretel paine. III. p. 192 v. 5. — 221. Dame, fait il, itant se pert Qui fame bat s'il ne la tue. IV. p. 78 v. 342. — 222.* Et si vous di bien de rechief Pitiet de cul trait lens de chief. II. p. 213 v. 486.

Gar wenige Stimmen erheben sich, um den Frauen das irdische Los erträglich und frei von körperlicher Strafe zu machen; die Männer werden ermahnt, von ihren Frauen nichts Unerfüllbares zu verlangen und sich selbst nicht zu rühmen. Eine große Thorheit begeht, wer eine Witwe mit Kindern heiratet. — Nicht übersehen werden darf das Streben des weiblichen Geschlechtes nach Geld und Reichtum; die Liebe mancher Frauen ist habsüchtig, und deshalb sind die an die Ehemänner gerichteten Mahnrufe wohl berechtigt. Ueber den Wert einer Freundin wird verschieden geurteilt.

223. Gauthier le Lons dist en la fin Ke chil n'a mie le quer fin, Ki sa femme laidenge et koze, Ne ki li demande autre kose Ke ses autres voisines font. II. p. 213 v. 497. — 224. A vous di qu'iestes mariez; Par cest conte vous chasties; Faites à mesure et à point Quant verrez lieu et tëns et point. I. p. 329 v. 331. — 225. Par cest conte veil chastier Les venteors fous mariez Qu' autrefois ne se ventent pas, Et qu'orgueus nes abassent pas, D'une seule fame aient cure. III. p. 191 v. 149. — 236.* Ce est voirs, par sainte Marie, Trop a li hons la char hardie Cui li dyables sy sorprent, Ke veve fame à enfans prent, Car il n'iert ja L jor sans lime. II. p. 211 v. 417; L. I. p. 229.

227. Iames ne porra nus avoir Fame qui soit haute ne riche Si grans avoir en lui ne niche. I. p. 45 v. 688; L. I. p. 235. — 228. Car totes boent mais au prendre, Et cil qui ne lor a que tendre, N'aura jamais bon servise: Ceste costume ont bien aprise. III. p. 178 v. 7. — 229.* Durans qui son conte define, Dist qu'onques Diex ne fist meschine C'on ne pëust por denier avoir. I. p. 22. v. 285. — 230. Ne voit on mais jone mechine Qui soit à grant bonté encline, Por po d'avoir s'eatant sovine Quant on li dine, Que mout n'en nés une bone, Ainz se lient a la corone, C'est de puterie la some. Et lo fardet Metent eles en lor rayet. Chascune de soi s'entremet Bien atorner. Quant um vallez a que doner, Bien se sofrent à acoler Por lui traïr et afoler. C'est lecherie, Bien il lor vient d'ancesserie. Totes sevent de trecherie Communaument. M. N. R. L. p. 38 v. 12. — 231.* Par le prestre vous vueil aprendre Que folie est de covoitier Autrui fame ne acointier; Ceste reson est bien aperte. I. p. 218 v. 593; L. II. p. 230. — 232. Pour ce est fous, ce saoles de voir, Li hons qui a bonne moillier, Quant il aillors va se soillier Aus foles garses tricheresces, Qui plus que chas sont lecheresces, Ou il n'a verité ni foi, Ne bien, ne loiauté ne loi. Et quant de l'ome ont fait lor preu, Miex l'aimeroient en. I. feu, Que ne feroient deles aus; Si en sont avint maint maus. III. p. 102 v. 423; L. I. p. 258, II. p. 524. — 233.* Fox est li hom qui croit musarde; Car se aviez autant d'avoir Com li rois de France, por voir, Se l'aussiex abandoné A une garce, et tout doné S'ele vous veoit

au dessous, Plus vil vous auroit que. L gous. Ce poes aprandre et oïr C'on ne puet de garce joïr Qu'il n'i a amor ne fiance. Fous est qui lor tient alliance Et qui lor depart rien dou sien. III. p. 101 v. 40; L. II. p. 481; Dûr. I. 768. — 234. . . . c'est vilenie De povre meschine de vie Gaber qui a petit d'avoir. II. p. 18 v. 153. — 235. Ainsi sui pucele com Rome, C'onques pelerins n'i entra Ne mastins par nuit abaia. II. p. 13 v. 300; L. I. p. 170; Dûr. I. 434. — 236.° Quar qui sa bone amie pert, Molt a perdu, ce m'est avis. Cil qui part sa desloiaus Dont ne doit estre molt liez. III. p. 28 v. 794; K. 659. — 237.° Miex velt estre sans compaignie Qu' avoir compaignon à amie. V. p. 407; L. II. p. 276, 349, 380.

(Fortsetzung im nächsten Programm.)

Loth.

Schulnachrichten.

I. Allgemeine Lehrverfassung der Schule.

1. Übersicht über die einzelnen Lehrgegenstände und die für jeden derselben bestimmte Stundenzahl.

	VI.	V.	IV.	III B.	III A.	II B.	II A.	I.	Sa.
Religion	3	2	2	2	2	2	2	2	17
Deutsch und Geschichtserzählungen	3}4 1}	2}3 1}	3	2	2	3	3	3	23
Lateinisch	8	8	7	7	7	7	6	6	56
Griechisch	—	—	—	6	6	6	6	6	30
Französisch	—	—	4	3	3	3	2	2	17
Geschichte und Erdkunde	2	2	2}2	2}1	2}1	2}1	3	3	23
Rechnen und Mathematik	4	4	4	3	3	4	4	4	30
Naturbeschreibung	2	2	2	2	—	—	—	—	8
Physik, Elemente der Chemie und Mineralogie	—	—	—	—	2	2	2	2	8
Schreiben	2	2	—	—	—	—	—	—	4
Zeichnen	—	2	2	2	2	—	—	—	8
Zusammen:	25	25	26	30	30	30	28	28	224

Zu diesen Stunden treten ferner als allgemein verbindlich hinzu von VI—I je 3 Stunden Turnen, Singen 2 Stunden in VI und V und 3 Stunden für den Chorgesang.
Unverbindlich für II B und I 2 Stunden Zeichnen, für II A und I 2 Stunden Hebräisch.

2. Verteilung der Stunden unter die Lehrer von Ostern 1894 bis Ostern 1895.

Nr.	Namen der Lehrer.	I.	IIA	IIB	IIIA	IIIB	IV.	V.	VI.	Sa.
1	Professor Dr. Conradt, Direktor.	Latein 6, Gesch. und Geographie 3								12
2	Prof. Dr. Fahland.	Gesch. und Geographie 3	Latein 6	Latein 7, Griechisch 6		Naturb. 2				21
3	Prof. Dr. Grosse.	Deutsch 3, Griechisch 6	Griechisch 6, Geschichte 3				Geschichte 2			20
4	Dr. Brügger Oberlehrer.	Mathemat. 4, Physik 2	Mathemat. 4, Physik 2	Mathemat. 4	Mathemat. 3		Mathemat. 3	Naturb. 2	Naturb. 2	21
5	Dr. Domke Oberlehrer.			Physik 2	Latein 7, Französisch 2, Physik	Religion 2, Latein 7, Deutsch 2				23
6	Richter Oberlehrer.	Religion 2, Hebräisch 2	Religion 2, Deutsch 3, Hebräisch 2	Religion 2						24
7	Fischer Oberlehrer.			Deutsch 3	Deutsch 2, Griechisch 6	Griechisch 6, Geschichte 2, Geographie 1	Religion 2, Deutsch 3, Geogr. Latein 8, Geographie 2			24
8	Kohrherr Oberlehrer.				Religion 2, Gesch. und Geographie 3					24
9	Bodenstein Oberlehrer.					Französisch 2	Französisch 4, Geographie 2	Rechnen 4	Religion 3, Latein 8, Deutsch 4, Geographie 2	22 + Turnen 3 Std.
10	Loth Oberlehrer.	Französisch 2, Englisch 2	Französisch 2, Englisch 2	Französisch 3				Zeichnen 2	Rechnen 4, Turnen in I-III 6 Std.	21 + Turnen in I-III 6 Std.
11	Todt Gymnasiallehrer.		Zeichnen 2		Chorgesang 3	Zeichnen 2	Zeichnen 2	Singen 2	Schreiben 2	

Anmerkung: Am 27. November 1894 gab Gymnasiallehrer Todt seine 8 Turnstunden an Oberl. Bodenstein (V), Oberl. Loth (I) und den Lehrer der städt. Vorschule Reicher (II) ab und übernahm dafür 4 St. Rechnen in V von Oberlehrer Loth. Zwei St. Geographie in VI übernahm Prof. Dr. Fahland.

3. Übersicht über die Lehraufgaben des abgelaufenen Schuljahres.

Prima.

Ordinarius: der Direktor.

Religionslehre: 2 Std. — Römerbrief, Glaubenslehre i. Anschluß an die C. Augustana. Das neue Testament wurde griechisch gelesen. Richter.

Deutsch: 3 Std. — Kurze Lebensbilder von Luther bis Lessing. Das Wichtigste aus der Geschichte der deutschen Sprache. — Die bekanntesten Schriften Luthers und ausgewählte Dichtungen von Hans Sachs; Besprechung des Kirchenliedes und des Volksliedes. Lessings Laokoon und seine Dramen, bes. Emilia Galotti. Goethes Iphigenie. Ausgewählte Oden Klopstocks und Besprechung der vaterländischen Dichtung bis zur Gegenwart. Goethes und Schillers Gedankenlyrik. — Vorträge über litterarische Themata, insbesondere auch über Freytags Ingo und Scheffels Ekkehard. 8 Aufsätze und 3 kleine Klassenarbeiten. Große.

Aufgaben der deutschen Aufsätze:
1. Hat Schiller recht, wenn er sagt: „Euch, ihr Götter, gehört der Kaufmann. Güter zu suchen, geht er, doch an sein Schiff knüpfet das Gute sich an"?
2. In welcher Stufenfolge verläuft der Streit der Könige im ersten Buche der Ilias?
3. Welchen Umfang und welche Bedeutung hat Hans Sachsens dichterische Thätigkeit?
4. Was habe ich aus den vier ersten Abschnitten des Laokoon gelernt?
5. Wird Lessings Behauptung von dem unempfindlichen Heldenmute der nordischen Völker (Laokoon Kap. 1) durch das Nibelungenlied bestätigt?
6. Die Persönlichkeit Tellheims.
7. Inwiefern läßt sich das Wort Schillers: „Wo rohe Kräfte sinnlos walten, da kann sich kein Gebild gestalten" auf die französische Revolution anwenden?
8. Wie bethätigt sich die sittliche Grösse der Iphigenie Goethes?

Reifeprüfung:
Michaelis 1894: Inwiefern ist die deutsche Litteratur des 16. Jahrhunderts volkstümlich zu nennen?
Ostern 1895: Mit welchem Recht nennt Lessing die Homerischen Helden nach ihren Thaten Geschöpfe höherer Art, nach ihren Empfindungen wahre Menschen?

Lateinisch: 6 Std. Tacit. Ann. 3—4. Cic. de off. Cic. pro Sestio. Cic. Epist. — Privatim und kursorisch: aus Tac. ann. Livius I—II. — Horaz: Oden III und IV, Epoden und Episteln mit Auswahl. Proben aus Catull, Tibull u. a. nach Brandt, ecloqae. — Alle 14 Tage eine schriftliche Arbeit. Der Direktor.

Griechisch: 6 Std. Die Olynthischen Reden des Demosthenes; daneben kursorisch das 5. Buch der Hellenika. Platos Kriton und Euthyphron. Sophokles' Antigone. Homers Ilias, 1—7 u. 9. Unvorbereitetes Übersetzen aus dem 4. Heft des Florilegium; alle vier Wochen eine schriftliche Übersetzung; 3 Klassenaufsätze. Große.

Französisch: 2 Std. Racine, Britannicus; Sarcey: Siège de Paris. Gropp und Hausknecht, Gedichte. Privatim Augier et Sandeau: Le gendre de M. Poirier; Toepffer: Nouvelles Genevoises. II. Alle 14 Tage eine Übersetzung aus dem Französischen. 3 Klassenaufsätze. Sprechübungen, grammatische Wiederholungen und mündliche Übersetzungen ins Französische. Loth.

Hebräisch: 2 Std. (unverbindlich). Abschluß und Repetition der Formenlehre, Hauptregeln der Syntax nach Gesenius-Kautsch. Lektüre: Ausgewählte historische Abschnitte und Psalmen. Alle 3 bis 4 Wochen ein Formenextemporale oder eine grammatische Analyse. Richter.
Englisch: 2 Std. (unverbindlich). Southey: Life of Nelson. Longfellow: Evangeline. Marryat: The three cutters. Wiederholung der Grammatik. Lese-, Schreib- und Sprechübungen. Loth.
Geschichte und Erdkunde: 3 Std. Neuere und neueste Geschichte. — Geschichtliche und geogr. Repetitionen. Der Direktor.
Mathematik: 4 Std. Wiederholungen des arithmetischen Pensums der früheren Klassen an Übungsaufgaben. Die imaginären Größen. Vervollständigung der Trigonometrie. Binomischer Lehrsatz für ganze positive Exponenten. Stereometrie. Alle 14 Tage ein Extemporale oder eine häusliche Arbeit. Ibrügger.

Aufgabe zur Reifeprüfung:

Michaelis 1894:
1. Ein Dreieck zu zeichnen, von dem gegeben ist a, $a^2 + b^2 = s^2$, $p - q = d$.
2. Von einem geraden regelmässig-dreiseitigen Prisma, dessen Höhe gleich der Grundkante a ist, soll durch einen ebenen Schnitt, der durch eine Grundkante geht, eine Pyramide abgeschnitten werden, deren Inhalt $1/4$ von dem des Prismas ist. Wie gross ist ihre Höhe und Oberfläche; welchen Neigungswinkel bildet die Schnittebene mit der Grundfläche?
3. Von einem Punkte sind nach einer Ebene 2 Gerade gezogen, deren Neigungswinkel $\alpha = 36° 42' 11''$, $\beta = 72° 43' 9''$ sind; der Abstand ihrer Fusspunkte in der Ebene ist $c = 346$ m u. der Abstand des Punktes von der Ebene ist $d = 236$ m. Wie gross ist der Winkel, den die Linien miteinander bilden?
4. Die gemeinschaftlichen Lösungen der Gleichungen
$$4x - 3y = 6$$
$$x^2 + y(y - 4) = 3(1 + 2x)$$
sind zu berechnen, und das Ergebnis ist geometrisch zu deuten.

Ostern 1895:
1. Ein Rechteck, dessen Seiten sich wie 4 : 1 verhalten, ist so in einen gegebenen Halbkreis zu zeichnen, dass 2 Eckpunkte auf dem Durchmesser u. die beiden andern auf dem Halbkreise liegen.
2. Um eine gerade regelmässig-dreiseitige Pyramide mit der Grundkante a und der Seitenkante b soll eine Kugel beschrieben werden. Ihr Radius, sowie die Höhe der Pyramide sind 1) durch Zeichnung, 2) durch Rechnung zu bestimmen.
3. Wie hoch ist das obere Stockwerk eines Turmes, dessen Höhe bis zu diesem Stockwerk h m beträgt, wenn letzteres aus dem Abstande a m vom Fuss des Turmes unter dem Sehwinkel α erscheint? ($h = 28$, $a = 64$, $\alpha = 8° 22' 33''$).
4. In einer geometrischen Reihe von 4 Gliedern ist die Summe des ersten u. letzten Gliedes gleich 112, die des zweiten und dritten Gliedes gleich 48. Wie heisst die Reihe?

Physik: 2 Std. Mechanik. Akustik. Ibrügger.

In den übrigen Klassen

stimmen die Lehraufgaben mit denen im Programm von 1893 aufgeführten überein.

Gelesen wurde:
im Lateinischen in IIA.: Livius von Buch 22 ab mit Auswahl. Sallust, Catilina, Cicero. Pro Rosc. Amerino. Vergil mit Auswahl.

IIB.: Livius Buch 21. Cicero, De imperio Cn. Pomp. Curtius. Ovid mit Auswahl.

IIIA.: Caes. de bello Gallico I, 30 bis zu Ende; de bello civili aus I und III. Ovid metamorph. Auswahl.

IIIB.: Caes. de bello Gallico III und IV, V 1—23.

im Griechischen in IIA.: Xenophons Cyropädie Auswahl. Herodot aus V bis VII. Memorabilien aus I u. II. Homers Odyssee vom 9. Buche an.
in IIB.: Xenophons Anabasis u. Hellenika mit Auswahl, Homers Odyssee Buch 1, 2 u. 6.
im Französischen in IIA.: Souvestre: Au coin du feu. Voltaire: Guerre pour la succession d'Espagne. 1701—1714. Privatim: Sandeau: Mlle de la Seiglière.
in IIB.: Michaud: Première croisade. Lamartine: Voyage en orient. I.
Vom Religionsunterricht sind nur die Schüler katholischen Bekenntnisses u. jüdischer Religion entbunden.
Am Zeichenunterricht nahmen aus den oberen Klassen 6 Schüler teil.
Am englischen Unterricht nahmen aus I 8 und aus II 4 Schüler teil.
Turnunterricht. Das Gymnasium war besucht
im Sommer 1894 von . . . . 150 Schülern,
im Winter 1894/95 von . . . . 137 „
Vom Turnen waren gänzlich befreit
a) auf Grund ärztl. Zeugnisse im Sommer 3, im Winter 4 Schüler,
b) aus anderen Gründen . „ „ 1, „ „ 1 „

zusammen im Sommer 4, im Winter 5 Schüler,
also von der Gesammtzahl „ „ 2,7 % „ 3,6 % „
Von einzelnen Übungsarten war niemand befreit.

Es bestanden bei 3 getrennt zu unterrichtenden Klassen 9 Turnabteilungen; zur kleinsten (I) von diesen gehörten 36, zur größten (III) ca. 50 Schüler. Für den gesammten Turnunterricht waren wöch. 9 Std. angesetzt. Den Unterricht erteilten bis Anfang Dezember 1894 in Klasse I u. II der techn. Lehrer Todt, in Klasse III der Oberl. Bodenstein, von Dezember 94 bis Ostern 95 in Klasse I u. III der Oberl. Bodenstein, in Klasse II der Oberl. Loth.

Für das Winterturnen dient zur alleinigen Benutzung der Gymnasialschüler die 150 m vom Gymnasium entfernte geräumige Turnhalle; für die Sommermonate der daneben liegende Turnplatz.

Es bestehen zwei Turnspielvereine, von denen der eine Schüler aus den Klassen II—I und der andere aus den Klassen IIIa u. IV begreift. Die Teilnahme ist eine freiwillige.

Die Zahl der Mitglieder aus II—I beträgt 20.
Die Zahl der Mitglieder aus IIIa—IV beträgt 15.
Es wurde im Sommer zweimal wöchentlich je 1½ Stunde gespielt. (Fußball, Cricket, Feldball, Barlauf etc.).

Im Winter turnte die erste Spielabteilung wöchentlich 1 Stunde freiwillig in der Turnhalle oder unternahm bei günstigem Wetter einen Übungsmarsch in die Umgegend.

Schwimmunterricht ist bisher seitens der Anstalt noch nicht eingerichtet worden; doch eröffnet sich nun eine Aussicht dazu, da für die hier zu bauende Unterofficiervorschule auch eine Badeanstalt angelegt werden wird.

Übersicht der eingeführten Lehrbücher.

a. Religion. Zahn, bibl. Geschichten (VI, V). Jaspis, Katechismus (VI—IV). Thomasius, Hülfsbuch (I).

b. Deutsch. VI—IIIA Hopf und Paulsiek, Lesebuch für die betr. Klassen.
c. Latein. Ellendt-Seyffert lat. Gramm. (VI—I); Ostermann-Müller, lat. Übungsbuch I, II, III, IV, (VI—III). Lat. — Deutsches Schulwörterbuch von Georges (oder, auch für Studierende ausreichend, von Stohwasser).
d. Griechisch. Franke — v. Bamberg, Formenlehre und Syntax (IIIB—I); Kohl, griech. Übungsbuch (IIIB, IIIA). Griech.-Deutsches Schulwörterbuch von Benseler (oder, auch für Studierende ausreichend, von Rost).
e. Französisch. Plötz-Kares, fr. Gr. (IV—IIIa). Plötz Schulgramm. (IIB—I).
f. Hebräisch. Gesenius-Kautsch, Gramm. und Lesebuch (IIA, l).
g. Englisch. Fölsing, Elementarbuch (IIA, I).
h. Geschichte. David Müller, griech.-röm. Geschichte für die Unterstufe (IV); Müller-Junge, Leitfaden der Gesch. des deutsch. Volkes (IIIB—IIB); Herbst-Jäger, hist. Hülfsbuch I—III (IIA, I).
i. Geographie. Daniel, Leitfaden (VI—I). Debes, Schulatlas für d. mittl. Unterrichtsstufen.
k. Mathematik und Rechnen. Harms u. Callius, Rechenbuch (VI—IV); Kambly, Planimetrie (IIIB—IIB); Conradt, Trigonometrie (IIA, I); Gauß, Logarithmen (IIA—I); Bardey, arithm. Aufgaben (IIIB—I); Kambly, Stereometrie (I).
l. Naturwissenschaft. Bänitz, Leitfaden der Botanik und Zoologie (VI—IIIA); Stenzel, chem. Erscheinungen (IIB); Trappe, Schulphysik (IIB—I).

II. Verfügungen der vorgesetzten Behörden.

4. Febr. 1894: Der Reichskanzler ist ermächtigt, auf die bestandene Abschlußprüfung hin ausnahmsweise die Berechtigung zum einjährigen Militärdienste zu ertheilen, auch wenn der Betreffende die Secunda noch nicht ein volles Jahr besucht hat.
1. Sept. 1894: Übersendung von 9 Abdrucken der Festschrift von Witte „üb. d. Erneuerung der Schloßkirche zu Wittenberg", zur Verteilung an Schüler beim nächsten Reformationstage.
23. Febr. 1895: Nur die nicht zu Schulzwecken benutzten Grundstücke und Räume des Gymn. dürfen zur Steuer herangezogen werden.
31. Dez. 1894: Ferienordnung für 1895:
1. Osterferien. Schulschluß: Sonnab. d. 6. April, Schulanfang: Dienstag d. 23. April.
2. Pfingstferien. Schulschluß: Sonnab. d. 1. Juni, Schulanfang: Freitag, d. 7. Juni.
3. Sommerferien. Schulschluß: Montag d. 1. Juli, Schulanfang: Donnerst. d. 1. August.
4. Herbstferien. Schulschluß: Donnerst. d. 26. Sept., Schulanfang: Freitag d. 11. Okt.
5. Weihnachtsferien. Schulschluß: Sonnab. d. 21. Dez., Schulanfang: Dienstag d. 7. Jan.

III. Chronik der Schule.

Das Schuljahr wurde am 6. April 1894 eröffnet. Der Oberlehrer Bodenstein, der für den Winter zur Centralturnanstalt in Berlin beurlaubt gewesen war, trat nun wieder in sein Amt ein, und damit schloß auch seine Vertretung durch den Schulamtskandidaten Voigt, dem die Anstalt für seine gewissenhaften und förderlichen Dienste zu Dank verpflichtet ist.

Der Gesundheitsstand der Schüler war auch in diesem Jahre gut. Einige Male fielen wegen zu großer Hitze im Sommer die letzten Vormittags- und die Nachmittagsstunden aus. Auch die Lehrer waren entweder ganz ohne Unterbrechung in ihrem Amte thätig, oder doch nur für wenige Tage durch vorübergehende Erkrankungen behindert, wie Prof. Dr. Große, Oberlehrer Dr. Domke, Kohrherr und Loth, und etwas ernstlicher und wiederholt Gymnasiallehrer Todt, der sich darum auch dazu verstand, als der Winter begonnen hatte, den ihm so lieben Turnunterricht abzugeben. Nun steht, nach nachgesuchter Entlassung, sein Abschied von der Anstalt in den wohlverdienten und ehrenvollen Ruhestand bevor, den wir mit Schluß des Schuljahres feierlichst zu begehen gedenken. — Vom 28. Mai bis zum 9. Juni war Oberlehrer Dr. Ibrügger zu einer militär. Uebung eingezogen und zu vertreten.

Den Sedantag feierte das Gymnasium durch einen Auszug in den Lebbin unter zahlreicher Beteiligung von Angehörigen der Schüler, durch Taubenabwerfen, Wettlaufen und mannigfache Spiele.

Das Stiftungsfest der Anstalt am 15. Oktober wurde in der üblichen Weise gefeiert. Die Festrede hielt Oberlehrer Dr. Ibrügger über Alexander v. Humboldt. 5 Schüler der oberen Klassen wurden bei dieser Feier durch Prämien ausgezeichnet, nämlich
1. der Oberprimaner Karl Fehrmann,
2. der Obersekundaner Theodor Oelgarte,
3. der Untersekundaner Hans v. Normann,
4. der Obertertianer Hermann Griebenow,
5. der Untertertianer Karl Wilke.

Der Gedenktag Gustav Adolfs wurde zunächst im Gymnasium am 8. Dezember durch eine Vorfeier festlich begangen. Oberlehrer Bodenstein führte in einer Festrede die Gestalt und die Thaten des Helden vor; dazu gesellten sich Deklamationen, Gesänge und die Aufführung einer Scenenreihe aus Devrients Festspiel durch den Leseverein des Gymnasiums. Auch für die öffentliche Volksfeier des eigentlichen Festtages in Brauns Saal steuerte der Leseverein diese Scenen bei; die Erlaubnis dazu hatte in freundlichster Weise der Sohn des verstorbenen Dichters gegeben.

Auch in diesem Jahre haben wir eine Weihnachtsfeier veranstaltet. Der hohe, schöne Tannenbaum war aus Deutsch-Pribbernow zu dem Feste geschenkt und von Primanern geschmückt worden. Unter ihm wurden Weihnachtslieder, zum letzten Male vom Gesanglehrer Todt sorgfältig eingeübt, und Gedichte, durch Verlesung des Weihnachtsevangeliums verbunden, vorgetragen.

Bei der Feier des Geburtstages Sr. Majestät des Kaisers am 27. Januar 1895 hielt Prof. Dr. Fahland die Festrede über die Verdienste der Hohenzollern um Brandenburg-Preussen.

Die Entlassungsprüfungen fanden am 15. Oktober 1894 und am 4. April 1895 unter dem Vorsitze des Provinzialschulrates Dr. Bouterwek statt (s. die Abituriententabelle; die Liste der Osterabiturienten kann erst im nächsten Programm gegeben werden). Bei der feierlichen Entlassung am 6. April hält der Abiturient Karl Fehrmann die Abschiedsrede über die Vorbereitung der deutschen Einheit durch die deutsche Litteratur. Ihm antwortet der Oberprimaner Hasemann, der seine Worte an Goethes Iphigenie anschließt.

Den 80. Geburtstag des Fürsten Bismarck feiern wir durch Lieder, Deklamationen und eine Ansprache des Direktors und pflanzen zum Gedächtnisse des Tages eine Eiche auf dem Schulhofe.

Die Wanderfahrten der oberen Klassen richteten sich auch in diesem Jahre wieder an den Strand. Die Primaner benutzten einen Sonnabend und den darauffolgenden Sonntag unter der Führung des Direktors zu einem Ausfluge nach Misdroy, der sehr fröhlich und

genußreich und trotz des ersten regnerischen Abends auch glücklich verlief. Zu besonderem Danke fühlten sich die Wanderer verpflichtet durch die freundliche und gastfreie Aufnahme und Bewirtung auf dem Hinwege und abermals bei der Rückkehr im Hause des Herrn Lehrers Stock in Schwirsen, wozu der Herr Graf Wartensleben-Schwirsen reichlichen und nach der kräftigen Wanderung doppelt mundenden Trank spendete, für die laubgeschmückten Wagen, die ebenfalls der Herr Graf zur Fahrt nach Kammin bereitgestellt hatte, und für die ebenso überraschende als willkommene, übrigens auch nachdrücklich gewürdigte Frühstückstafel, mit der Herr Dr. Hafemann und Gattin in Wollin unsere Schar nach der Morgenwanderung von Misdroy aus empfing. — Auch ein Teil der übrigen Klassen hatte sich für Fuhrwerk zu bedanken, das ihnen zu ihrer Freude von den Herren Baron v. Senfft-Pilsach, Scheer-Pribbernow und Nahrius als Vätern von Klassenkameraden gestellt wurde.
Der Turnspielverein, der in diesem Jahre unter der Oberleitung des Oberlehrers Loth stand, feierte sein Stiftungsfest durch einen Ausmarsch nach dem Kamminer Holze und Turnspiele, bei denen wie früher die Sieger durch Denkmünzen geehrt wurden. Auch die jüngere Abteilung, die aus Tertianern und Quartanern besteht, hat weiter ihre Spielstunden gehalten. Der vom Direktor geleitete Leseverein, der in seinen regelmäßigen wöchentlichen Lesestunden eine weitere Bekanntschaft mit den klassischen Dichterwerken, besonders Shakespeares, zum Ziele hat, feiert sein Stiftungsfest am Abende des 30. März durch Vorführung einer Scenenfolge aus Lessings Minna von Barnhelm, woran sich ein Tanz schließt. — Der Ruderverein hat ein neues Boot angeschafft.

IV. Statistische Mitteilungen.

Übersicht über die Frequenz und deren Veränderungen im Laufe des Schuljahres 1894/95.

	I A.	I B.	II A.	II B.	III A.	III B.	IV.	V.	VI.	Sa.
1. Bestand am 1. Februar 1894	13	17	14	27	21	18	13	16	12	151
2. Abgang bis zum Schluss des Schuljahres 1893/94	11	1	2	1	2	1	1	—	—	19
3a. Zugang durch Versetzung zu Ostern 1894	9	8	15	16	8	11	11	11	—	89
3b. Zugang durch Aufnahme zu Ostern 1894	—	1	—	1	2	2	—	12	18
4. Frequenz am Anfang des Schuljahres 1894/95	11	16	19	27	12	22	14	16	13	150
5. Zugang im Sommersemester 1894										
6. Abgang im Sommersemester 1894	3	1	3	3	—	1	2	2	1	16
7a. Zugang durch Versetzung zu Michaelis 1894	7	—	—	—	—	—	—	—	—	7
7b. Zugang durch Aufnahme zu Michaelis 1894	1	2	—	—	—	—	—	—	—	3
8. Frequenz am Anfang des Wintersem. 1894/95	16	10	16	24	13	21	12	14	12	138
9. Zugang im Wintersemester 1894/95	—	—	—	1	—	—	—	—	—	1
10. Abgang im Wintersemester 1894/95	—	—	—	1	—	1	—	—	—	2
11. Frequenz am 1. Februar 1895	16	10	16	23	13	20	12	14	12	136
12. Durchschnittsalter am 1. Februar 1895	20,6	19,6	16,4	16	15	14,3	12,9	11,9	10,2	—

Übersicht über die Abiturienten Michaelis 1894.

Namen.	Tag der Geburt.	Ort	Konfession.	Stand des Vaters.	Wohnort	Aufenthalt in der Schule.	Prima.	Studium.
1. Klug, Albert	4. Oktober 1873	Daber, Kr. Naugard	evang.	Zimmermeister	Daber	2½	2	Jura.
2. Friedemann, Traugott	4. October 1874	Wold. Tychow, Kr. Belgard	"	Superintendent	Greifenberg i. P.	11½	2½	Theologie.
3. Nejczyk, Thomas	9. Februar 1875	Golejewo, Kr. Rawitsch	kath.	Arbeiter †	Golejewo	1	3	Kath. Theologie.

V. Sammlungen von Lehrmitteln.

A. Für die vom Oberlehrer Fischer verwaltete Hauptbibliothek

1. geschenkt:

v. Königl. Ministerium: „Das humanistische Gymnasium", 5. Jhrg. — Urkdn. u. Aktenst. zr. Gesch. ds. gr. Kurf. XV. — Schenckendorff u. Schmidt, Jhrb. dr. Jugend- u. Volksspiele III. — v. Königl. Provinzialschulkollegium: Erk-Böhme, Dtsch. Liederhort I—III. — Witte, Erneuerg. dr. Wittenb. Schloßkirche u. Urkd. üb. d. Einweihg. — v. Oberlehrer Richter: Riemann, Gesch. d. Stdt. Greifenberg. — v. Marienstiftsgymn.: Festschr. z. seinem 350jähr. Jubiläum. — v. Lesezirkel: Grenzboten, Bd. 52 u. 53; preuß. Jhrb., Bd. 71—75. — v. Dr. Chr. G. Hottinger (Berlin): Orbis pictus. — v. d. Familie Ramthun: Lehrs, quaest. ep. — Bekker, hom. Blätt. — Köppen, Anm. z. Homer. — Sengebusch, hom. diss. — Soph. Trachin. v. Schneidewin-Nauck. — G. Hermann, Aristoph. nubes. — Ritschel, Plaut. Pseud. — Fleckeisen, Terenz. — Creeck, Lucrez. — Queck, Statius. — Anton, Stud. zr. lat. Gr. u. Stil. — Seyffert, palaestra Cicer. — Napoleon, Gesch. J. Caesars. — Bessell, Pytheas v. Massilien. — Möbius, anal. norroena u. altnord. Glossar. — Heyne, Ulfilas. — Schade, altd. Lesebch. — Heyne, altgerm. Dial. — Martin, Kudrun. — Lachmann, Wolfr. v. Eschenbach. — Wilmanns, W. v. d. Vogelweide. — Pannier, Uebersetz. davon. — Lachmann, Ausw. a. d. Dicht. ds. XIII. Jrh. — Pfeiffer, Hahns mhd. Grm. — Weinhold, dtsch. Frauen i. Mittelalter. — Vilmar, dtsch. Verskunst u. Wortbildungslehre. — Düntzer, Schiller als lyr. Dichter. — Freund u. Marx, Präp. z. Pentateuch.

2. aus Anstaltsmitteln angeschafft:

  a) an Zeitschriften und Fortsetzungen:

Kern u. Müller, Zeitschr. f. Gymn. — Frick u. Meyer, Lehrpr. — Rethwisch, Jhrber. üb. h. Schulw. — Zarncke, liter. Centralb. — Hoffmann, Ztsch. f. math. Unterr. — Behaghel u. Neumann, Literbl. f. röm. u. germ. Phil. — Euler u. Eckler, Monatsch. f. Turnw. — Allg. dtsch. Biogr. 181—6. — Anton, Generalreg. z. Ztsch. f. Gymn. — Gaudig, Wegweiser d. Schillers Dramen, 2 Bde. — Wackernagel, dtsch. Literatur. 2 Bd. — Leimbach, dtsch. Dicht. d. Gegenw. VI, L — Böttger, Bau- u. Kunstdenkm., Kr. Stolp. — v. Biedermann, Goethes Gespr. IX. — Treitschke, dtsch. Gesch. i. XIX. Jrh. V. — Sybel, Begründung d. dtsch. Rchs. VII.

b) an neu zukommenden Werken:

Donner, Uebers. v. Pindar. — Wecklein, Aesch. fabulae. — Wecklein, Orest. — Dindorf, lex. Aeschyl. — Aristot. op. ed. academ. reg. — v. Wilamowitz, Aristot. u. Athen, 2 Bde. — Donner, Uebers. v. Plaut. u. Ter. — Kiepert, Wandk. v. Altgriech. — Preller-Robert, gr. Myth. I. — J. v. Müller, Hdb. I. — Rothfuchs, Beitr. z. Meth. d. altspr. Unterr. — Strack, Einl. i. Talmud. — Riehm-Baethgen, Hdb. d. bibl. Altert. 2 Bde. — Kautzsch, Uebers. d. alt. Test. — Daniel-Volz, Hdb. d. Geogr. 1—25. — Nachtigal, Sahara u. Sudan, 2.

B. Für die von Oberlehrer Richter, Oberlehrer Dr. Domke, Oberlehrer Bodenstein verwaltete Schülerbibliothek:

1. Für die oberen Klassen wurden angeschafft, bezw. erneuert:

Alexis, Wärwolf. — Freytag, Soll und Haben. — Die verlorne Handschrift. — Wichert, Heinrich v. Planen. — Guillemin, Die physikal. Kräfte im Dienste der Gewerbe, der Kunst und Wissenschaft. — Scheffel, Ekkehard. — Lowe, Fürst Bismarck. — Geibel, Juniuslieder. — Büchmann, Geflügelte Worte. — Pietsch, Von Berlin bis Paris. — Deutsche Nationallitteratur, Bd. 60. 118. 42. — Russ, Meine Freunde. — Rindfleisch, Feldbriefe. — Golther, Götterglaube und Göttersagen. — Altdeutsche Heldensagen.

Für die beiden Tertia wurden angeschafft:

Fr. Heyer, der erste Hohenzoller und die Quitzows. — Fr. Heyer, Kurfürst Friedrich II. und die märkischen Städte. — Oscar Hoecker, das Ahnenschloß, in 4 Bänden. — Pederzani-Weber, der Einsiedler von Sankt Michael. — Pederzani-Weber, Kynstudt. — M. Lenz. Martin Luther. — Woldemar Götze, Schulhandfertigkeit. — A. Giese, deutsche Bürgerkunde. — B. Landsberg, Streifzüge durch Wald und Flur. — H. Möbius, deutsche Göttersagen. — Hottinger, die Welt in Bildern.

Für die unteren Klassen wurden angeschafft:

Schupp, Der große Kurfürst. — Stenglin, Kaiser Wilhelm II. — Bornhak, Kaiserin Auguste Viktoria. — W. O. von Horn, Der alte Fritz. — Luise Pichler, Die ersten Zollern. — Andrä, Erzählungen aus der deutschen Geschichte. — Andrä, Erzählungen aus der griechischen und römischen Geschichte. — Albers, Lebensbilder aus der deutschen Götter- und Heldensage. — Spinnstube, 5. Band, Jahrgänge 1887—89. — Fr. Heyer: Landmeister Hermann Balk. — K. Pahmann, Gott will es. — K. Bahmann, An des Reiches Ostmark. — A. Kurschat, Hanno, der Liliputerfürst. — W. O. von Horn, Ein Kongo-Neger. — C. Seydel, Des Ungerechten Treiben findet seinen Richter. — Hanna von Hellen, Im Strom der Großstadt. — K. Werner, Seegeschichten. — C. M. Jonge, Richard ohne Furcht. — Weitbrecht, Kämpfe und Siege. — W. O. von Horn, zwei Savoyarden-Büblein. — Hoffmann, Pflichtgetreu; Treue gewinnt; Der Schein trügt, die Wahrheit siegt; Die Waisen. — Garlepp, Ein vergessener Held. — Kähn, Dragoner und Kurfürst. — Sonnenburg, Admiral Karpfanger; Der schwarze Herzog; König Berthari.

C. Die Lehrmittel für den physikalischen Unterricht verwaltet Oberlehrer Dr. Ibrügger

Angeschafft wurden:

Eine optische Bank und ein Spaltansatz für das Skioptikon, ein gleichseitiges Prisma, ein Flintglasprisma, 30 Glasphotographien, verschiedene Werkzeuge.

D. Die Lehrmittel für den naturbeschr. Unterricht verwaltet Prof. Dr. Fahland.

Angeschafft wurden:

1 großer Glasschrank für ausgestopfte Tiere und Präparate. Ferner folgende ausgestopfte

Tiere: 1 Auerhenne, 1 Fasan, 1 Haubentaucher, 1 Brandente, 1 Grünspecht, 1 Kuckuck, 1 Eichelhäher, 1 Wachtel, 1 Germalia, 1 Präparat darstellend die Verwandlung des Rosenkäfers. — Am Rande des hintern Schulhofes wurde ein Streifen Land von Prof. Dr. Fahland zum botan. Schulgarten eingerichtet.

Geschenkt wurden von Herrn Rittergutsbesitzer Scheer-Pribbernow 3 ausgestopfte Vögel: 1 Rauchfußbussard, 1 Ringeltaube, 1 Tannenhäher; von Herrn Kaufmann Scheltz 1 ausgestopfter Brachvogel; von Herrn Obercontroleur Hartung 1 Knochenhecht (Mexiko); von unserem früheren Schüler Otto Zander aus Broitz 1 sehr schön präparierter Rinderschädel; von Herrn Dr. Domke 1 Flughahn und 1 Säge des Sägefisches; von Prof. Fahland 1 Straußenei; ferner 1 Kreuzotter, 1 Schildkröte, 1 Chamäleon (in Spiritus). Herr Apotheker Bolle ist so freundlich gewesen, unentgeltlich Flaschen mit Präparaten luftdicht zu verschließen. — Das Gymnasium sagt für diese sehr willkommenen Gaben und Dienste seinen besten Dank.

VI. Mitteilungen an die Schüler und deren Eltern.

Sonnabend, den 6. April, wird das Schuljahr mit der Austeilung der Censuren geschlossen. Das neue Schuljahr beginnt Dienstag, den 23. April, morgens 8 Uhr.

Zur Aufnahme neuer Schüler bin ich am 22. April von 9—12 Uhr auf meinem Amtszimmer im Gymnasium bereit. Haben sie bisher noch keine Schule besucht, so sind nur Tauf- oder Geburtsschein und Impfschein, bei einem Alter über zwölf Jahre auch der Wiederimpfschein vorzulegen, sonst außerdem das Abgangszeugnis der bisherigen Schule.

Die Wahl der Pension für auswärtige Schüler bedarf der vorher einzuholenden Genehmigung des Direktors. Derselbe ist bereit, angemessene Pensionen nachzuweisen.

Das Schulgeld beträgt in sämtlichen Klassen des Gymnasiums jährlich 120 Mark, für die Vorschule 80 Mk.

Anträge auf Befreiung vom Schulgelde sind schriftlich an das Lehrerkollegium zu Händen des Direktors zu richten. Voraussetzung ist Würdigkeit des Schülers und Bedürftigkeit. Bewilligungen gelten nie über ein Jahr hinaus; die Anträge sind also nach Ablauf des Schuljahres zu erneuern, außer wenn einem von drei Brüdern Schulgeldfreiheit gewährt ist. Für die Vorschule sind Schuldgeldbefreiungen unstatthaft.

Wenn Eltern wünschen, Knaben, die vorläufig noch von Hauslehrern unterrichtet werden und erst später die Anstalt besuchen sollen, prüfen zu lassen, besonders bei Ablauf eines Schuljahres, um festzustellen, ob sie die gehoffte Reife für eine höhere Gymnasial-Klasse nach den Anforderungen der Schule erreicht haben, so kommen der Direktor und die betr. Klassenlehrer einem solchen Gesuche bereitwillig entgegen. Der Wunsch von Eltern, sich für solche Mühe erkenntlich zu zeigen, hat das Lehrerkollegium zu dem Beschlusse veranlaßt, einen Stipendienfonds für würdige und bedürftige Gymnasiasten zu sammeln, zu dem für jede Prüfung dieser Art ein Beitrag von 6 Mk. erbeten wird. Beigetragen haben bisher Herr Baron v. Senfft-Pilsach (Batzwitz) 12 Mk., Herr Rittergutsbesitzer Hempel (Holz-Pribbernow) 6 Mk., Herr v. Eisenhardt-Rothe (Lietzow) 6 Mk. Dazu Zugang bei andern Gelegenheiten 5 Mk., Zinsen 0,33 Mk. Sa. 29,33 Mk.

Prof. Dr. Conradt,
Direktor.

Königl. Friedrich-Wilhelms-Gymnasium

zu

Greifenberg in Pommern.

XXXXIV.

Ostern 1896.

INHALT: 1. Die Sprichwörter und Sentenzen der altfranzösischen Fabliaux, nach ihrem Inhalte zusammengestellt vom Oberlehrer Johannes Loth. (Fortsetzung.)
2. Schulnachrichten vom Direktor.

Gedruckt bei C. Lemcke in Greifenberg i. Pomm.

1896. Progr.-Nr. 138.

Zusammenstellung der Sprichwörter und Sentenzen nach ihrem Inhalte.

B. Sprichwörter und Sentenzen, die auf das profane Leben des Menschen sich beziehen.

II. Der Mensch im Verhältnis zu seinen Mitmenschen.

2. Einzelne Klassen der menschlichen Gesellschaft. (Fortsetzung.)

c. Preudom.

Der Preudom ist der Inbegriff aller Weisheit, Tüchtigkeit und Ehrenhaftigkeit; von einem solchen Manne kann ein jeder lernen, obgleich ihm auch das Missgeschick nicht erspart bleibt. Der verständige Mensch wird nie ermüden, sein Wissen zu bereichern.

238. L'en devroit preudom hennorer La ou il est; en totes cors. II. p. 23 v. 446; K. 246. — 239. . . . l'uevre d'un preudome Doit on conter jusqu'en la some Por prendre example bel et gent. I. p. 26 v. 51; L. II. p. 251, 286; K. 106 g, 243; E. p. 31. — 240.* Sire, fet ele, bien savon Que il meschiet à maint preudom III. p. 28 v. 810; L. II. p. 233; K. 254/5; Dür. L 526, 928, II. 519. — 241* Car grant sens gist en cortoisie; Preuz est qui d'autrui se chastie. VI. p. 31 v. 227; L. II. p. 243, 274, 416, 473; K. 365; Afz. L. 14; Dür. L 94, II. 288; H. Z. 243. — 242* Et cil ne fet mie folie Qui d'autrui se chastie. Li cortois cuers et li gentiz Est bien à apenre ententiz. III. p. 199 v. 5.

d. Thor.

Das Wesen des Thoren offenbart sich in thörichten Reden und Handlungen; es ist aber nicht ausgeschlossen, daß auch dem Klugen eine Dummheit widerfährt. Leicht verrät sich der Thor, wenn er seinen Mund öffnet; er ist nicht imstande, seine Gedanken bei sich zu behalten, wodurch er oft zu leiden hat. Auf den Rat eines Verständigen hört er nicht; in seinem Unverstande glaubt er lieber seinen Genossen, die mit ihm auf gleicher Stufe stehen, obgleich niemand bestreiten wird, daß „in einem Scheffel Thorheit nicht eine Hand voll Sinn ist." Er strebt gerne nach unerreichbaren Dingen und kümmert sich um Angelegenheiten, die ihn nicht angehen, während das Naheliegende von ihm übersehen wird; dem Narren ist er auch nicht zu bedauern, wenn ihn hierbei ein Schade trifft. Während er einerseits eine gewisse Anmaßung zeigt, die ihm aber schlecht ansteht, kommt es ihm andrerseits nicht darauf an, sich zu entehren und Dinge zu unternehmen, die das Licht der Sonne scheuen. Es ist daher fast unmöglich, einem Dummen überall auf die Finger zu sehen.

243. Quei val sen ou saver? Ataunt valt vivre en folye Come en sen ou cortaysie. II. p. 249 v. 210. — 244.* Car om puet oyr souvent Un fol parler sagement. Sage est qe parle sagement, Fols come parle folement. II. p. 256 v. 423; L. I. p. 240, 244; K. 424; E. 57; W. 153; Dür. II. 151. — 245.* Par cest flabel vous vueil monstrer Que, par la foi que doi saint Pol, Ausinc bien chiet il à un fol De folie dire et d'outraige Con il feroit a un bien saige D'un grant sens, se il le disoit: Fous est qui de ce me mescroit. V. p. 82 v. 58; L. L. Einl. p. LIII., 274; II. p. 316, 317, 334, 479; Dür. l. 928; S. 126. — 246.* Par cest flabel poez savoir Que cil ne fet mie savoir Qui tot son sens dit et conte, Quar maint domaige en vient et honte A mainte gent, ce est la voire. IV. p. 56 v. 91; L. I. p. 235, 238, 240; II. p. 320, 347, 349, 351, 353,

367, 370, 417, 429, 441, 455, 465, 478, 516; K. 375; E. 42; C. d. B. XIV.; Afz. L. 1; Dür. I. 707; II. 146, 249; S. 74, 160. — 247. Car qui se taist, il se repose. IV. p. 10 v. 273. — 248. Par cest essample voil mostrer S'aucune avoit. I. fol panser, Mout tost puet dire tel parole: Miaux li valdroit, s'ele estoit fole, Taire, san qu'il en dëist mot. V. p. 39 v. 59; W. 198. — 249.* Bon taisir vaut, trop parler nuit. M. N. R. I. p. 277 s. 2723; L. I. Einl. p. LVI; Ms. 524; H. Z. 62; S. 115. — 250.* Qui tos. jors se tait, rien ne valt. V. p. 92 v. 273; L. II. p. 364; K. 380. Dür. II. 345. — 251.* Qui fait folie sel compert V. p. 141 v. 270; K. 457. — 242.* Et pour ce que li uis fu tais Dist on encor: Maint fol paist duis. III. q. 57 v. 83. — 253.* Fols est qui fol conseil demande. L p. 284 v. 882; L. I. p. 239, 242; II. 440, 490; C. d. B. XXIV.; Dür. II. 149. — 254.* Fols est qui chace la folie. II. p. 104 v. 364; L. I. p. 243, II. 394, 481; K. 443; C. d. B. IV; S. 93. — 255.* Mes en c. muis de fol penser Nen a mie plein poing de sens. VI. p. 47 v. 29; L. I. Einl. p. LIII., II. p. 148, 292, 476, 496; K, 228. — 256.* Molt est ore fols qui demande Chose que l'en ne puet avoir. I. p. 99 v. 62; L. L p. 236; K. 432. — 257. Douins de Lavesne tesmoigne Qu'il est moult fox qui de tot soigne. M. N. R. I. p. 277 v. 2719; L. II. p. 256. — 258.* Quar cil est fous, par saint Germain, Que ce que il tient en sa main Giete à ses piez en nonchaloir. VL p. 76 v. 247; L. I. p. 236, II. p. 100, 354, 491; K. 609. — 259.* Molt remaint de ce que fous pense. V. p. 227 v. 370; L. I. p. 240, 242; II. p. 466, 488, 490, 496; K. 431; E. 49; H. Z. 154. — 260.* Cas cil doit bien la chose perdre Qui folement la let aerdre. IV. p. 152 v. 52. — 261. Et por ce vos voeil je monstrer Que cil ne fait sens ne mesure Qui d'orgueil se desennature: Ne se doit nus desnaturer. V. p. 42 v. 49. — 262. Cil n'est mie plains de savoir Qui tout à escient s'aville. I. p. 246 v. 46. — 263. . , . Guillaume le Normant Qui dist que cil n'est pas sachanz Qui de sa maison ist par nuit Pour faire chose qui ennuit Ne por tolir ne por embler. II. p. 22. v, 440. — 264. Por ce est fols qui mal atise Et qui à mal fere laboure. III. p. 207 v. 240; L. II. p. 343. — 265 Que nus hom ne doit sot atendre Quar sovent en avient granz maus. I. p. 320 v. 312; L II. p. 417. — 266. Sachiez que l'en ne chie mie Le jor c'on-s'espouse s'amie, Quar se seroit trop grant ledure. IV. p. 115 v. 90. — 267. Ce n'est mie greindre folie De aler ou la nees sire Elye: Yl n'est point tenus tous jours por sot Qe siet aler ou la nees Elyot. VI. p 199.

e. Armer, Reicher.

Wer einem Armen Kummer bereitet, handelt schlecht; die ganze Handlungsweise des Armen erfährt eine viel strengere Beurteilung als die eines Reichen; dennoch trifft man bei jenem eine viel größere Wahrheitsliebe als bei diesem. Der Arme findet selten Recht, während der Wohlhabende mit dem nötigen Gelde alle Hindernisse beseitigen kann; in seinem ganzen Auftreten zeigt er jene Sicherheit, die sich auf ein gefülltes Portemonnaie stützt; jedoch ist das protzige Großthun nicht immer unbedingt das Kennzeichen eines vermögenden Mannes.

268. Mal fet povre gent fere anoi. L p. 76 v. 190. — 269. De ce di ge, que fous que nices, Que tieus hom n'est pas de sens riches Ou l'en cuide moult de avoir, S'il ert povres et sans avoir, Que l'en tenroit por fol prové. IV. p. 150 v. 7; L. II. p. 404, 435; K. 631; E. 79. — 270.* Cil est moult povres qui ne voit. I. p. 71 v. 37; L. II. p. 307, 419, 479. — 271. L'avanture de cest proverbe Retrai por riches hommes hauts Qui plus sont desloiaus et faus; Lor san et lor parole vendent, A nul droiture n'entandent, Chacun à prendre s'abandone. Povres n'a droit, se il ne done. V. p. 158 v. 48; L. II. p. 110, 132, 461; K. 635. — 272. Mais Diex qui fu mis en la Crois, Lor envoit tele povreté Que povre gent tiengnent verté. I. p. 116 v. 130; L. II. p. 369. — 273.* Rutebues nos dist et enseigne, Qui denier porte à sa besoingne Ne doit douteir mauvais lyens. III. p. 221 v. 166; L. II. p. 224, 329, 380, 402; S. 128. — 274.* Qui un denier avra, denree L'en iert maintenant mesuree. Qui denier n'aura, si laist gage, VI. p. 65 v. 374; L. II. p. 397; E. 72. — 275. Si fete gent ont deniers granz. I. p. 73 v. 89. — 276. Mais c'est merveilhe de la gent; On quide en tel liu de l'argent Ou il n'en a mie plenté; Li plusor sunt molt endeté. II. p. 206 v. 279.

f. Träger, Fleissiger.

Der träge Mensch gerät leicht auf Abwege; er wird mit einer Falkenart verglichen, die sich durch Feigheit und Faulheit unvorteilhaft auszeichnete; so wie der Esel stets eines scharfen Stachels bedarf, muß auch der Träge angespornt werden. Darum soll auch der nicht essen, dem es nicht sauer bei der Arbeit geworden ist. Ein jeder Mensch hat die Pflicht, für sich und die Seinigen zu arbeiten, nach Verdienst zu streben und das Element zu lieben, das ihm sein Brot giebt. Reicher Lohn und Genuß winkt dem Fleißigen, der sich keinen Schritt verdrießen läßt. Wer die Aufgabe, die das Leben einem jeden stellt, nicht löst, setzt sich der Verachtung und dem Spotte aus.

277. L 'Escriture dist, ce me samble, Que, qui à oiseuse s'asamble, De fourvoier est en peril, Mainte ame est menée en escil. VI. p. 66 v. 409. — 278. Au bien faucon lanier mauvès Resamble maint homme de fèa. III. p. 86 v. 1; L. II. p. 462. — 279. Tel gent ne doit on pas amer, Ainz le doit on mout desprisier Qu 'il resamble de son mestier Au faucon lanier, ce m'est vis, Qui par sa perece est honis. III. p. 87 v. 39; L. II. p. 285. — 280.* Quar l'asne n'est pas costumiers D'aler se l'en nel semonoit. V. p. 41 v. 23; L. I. p. 140. — 281.* Nus ne menjue s'il n'en desert, Fors plus senlement que d'estre ivre II. p. 2 v. 38; L. II. p. 311; Dür. I.*437; S. 276. — 282.* Male honte Dieus li envoit Qui ne gaaingne quant il puet. V. p. 209 v. 41; L. II. p. 245, 351; Afz. L. 9; H. Z. 123. — 282a.* Seignour, dist il, mal debas ait Qui le gaaignier refuse ame. VI. p. 131 v. 426. — 283. . . . la mer Que tous li mondes doit amer Pour ce que bien fait à mainte ame. VI. p. 54 v. 47; Dür. II. 52 — 284.* Car à celui qui vin espant Vient, ce dit l'au, gaaigne grant. III. p. 171 v. 35. — 285.* Si dist à soi: Qui siet, il seche, Et puis si dist: Qui va il leche. III. p. 207 v. 259; I. p. 317 v. 381; L. II. p. 409, 468, 492; W. 223; Dür. I. 472; H. Z. 127. — 286.* L'en dit: Qui bien chace, bien trueve. III. p. 907 v. 264; L. II. p. 385, 487; Dür. II. 411; S. 195. — 287. Ja ne verrez hom fin sage De nul mestier, sachiez sans doute, Se il n'i met son sens et boute Aincois qu'il ait usé son tans. I. p. 164 v. 68; L. II. p. 331. — 288. Por le siecle fali et vuit, Qui mal se prueve et est prové Chaitis est en cest siecle trovés. IV. p. 40 v. 1162. — 289. Honnis soit qui s'esmaiera IV. p. 51 v. 108. — 290. Roncins qui n'a valor ne force Est bien dignes que on l'escorce. I. p. 157 v. 117; L. I. p. 159.

g. Verschwender.

Die freigebigen Menschen werden in zwei Klassen eingeteilt, in die thörichten und verständigen. Jene werden von ihrem Reichtume ganz geblendet; ohne Zweck und Ziel werfen sie ihr Geld unter die Leute und achten nicht darauf, daß, sobald ihre Hände leer sind, auch die frühere Wertschätzung ihrer Person ein Ende hat. Eine solche Handlungsweise zeugt von großer Trägheit, und der früher Wohlhabende gerät in Schulden; ebenso aber auch ergeht es dem, der weniger Vermögen besitzt und davon in unverständiger Weise an andere ansteilen will. Der kluge Freigebige überschlägt zuerst sein Vermögen und giebt dann mit Ueberlegung, besonders an solche, die es bedürfen. Der thörichte Verschwender und der Geizige berühren sich in einem Punkte, beide machen nicht den rechten Gebrauch von ihrem Gelde.

291.* De fole larguece casti Tous ciaus qui en sont aati; Car nus ne la puet maintenir Qui en puist à bon cief venir. Je ne blasme pas le donner Ne les bontés guerredonner; Mais il convient maniere et sens De soi tenir ou droit assens; Par coi on puist le gré avoir De bons sans perdre son avoir. Au fol large ne chaut de rien, Ou ses avoirs voist mal u bien. Qui toutes gens met à un fuer Par fol sens jete le sien puer. Maint rice homme en sont deceü Et en brief tans si deceü Que, partis, d'aus cure n'avoient Cil qui le sien èu avoient. Pour çou dist on en ou reclaim: Tant as, tant vaus, et je tant t'aime. VI. p. 53 v. 1; L. I. Einl. p. XVII., 87, 257; II. p. 418; K. 647; Dür. 648; Ma. 519. — 292. Par ce conte poes savoir Que fous larghes pert son avoir Et mout sovent maint tel largece En cuer oiseus, plain de perece. Car cuer pereceus ne veut aquerre Et li poi viseus le desserre. VI. p. 66 v. 43. — 293. Il est mout de chertive gent Qui folement jetent l' avoir Qu' à lor oes devroient avoir. VI. p. 63 v. 302. — 294.* Por ce dit um molt sovent Que petit ad e petit prent Et velt despendre largement, Ne purra durer longement, Et pur ce il fet qo sage Qe se prent à le avauntage. VI. p. 198; L. I. p. 248, II. p. 165, 402; W. 148; H. Z. 203. — 295.* Car qui trop despent il s'endete. III. p. 217 v. 56; L. I. p. 236, II. p. 232, 255, 414, 418. — 296. Li sages larges n'est pas teus, Ançois regarde combien Deus Li a presté de son avoir, Et puis si prent garde au savoir, Et plus au povre que au rice; Car je tieng à sot et à nice Qui avoir a, se largement N'en depart à la povre gent; Mais au fol largue poiut ne caut S'il donne ou au bas u au haut, Et une gent a par le mont Qui souvent perdent ce k'il ont. VI. p. 54 v. 20; L. II. p. 447/8; K. 572 f; S. 221. — 297. Pour çou à tout le monde enort Qu'il sacent vivre sagement Et donner ordeneement. VI. p. 66 v. 418; L. I. p. 130. — 298. Largece amoit plus ke Paris N'amaist onkes nul jor Helains. III. p. 134 v. 322. — 299. Quar tant comme avers aime argent, Le het larges à soustenir Por ce que biens n'en puet venir Por tant qu'il soit mis en estui. V. p. 245 v. 67; L. II. p. 244, 258, 280. — 300.* Ce que sires done et sers pleure, Sachiez, ce sont lermes perdues: Ils sont unes gens esperdues Qui à nul bien ne se regardent, Que ce qu'ile ont à garder, gardent 8i estroit, que nul bien n'en font, Que toz li biens en lor mains font Que nus n'en a ne preu ne aise; Mout est la richoise mauvaise, Dont li sires n'est honorez. III. p 207 v. 240; L. II. p. 87; H. Z. 243.

1*

h. Prahler, Tadler, Spötter.

Der Prahler leidet an Selbstüberhebung und spricht daher oft über Dinge, die er nicht versteht. Meist weiß er sich einen Schein von Tüchtigkeit zu geben; wenn es aber auf eine Leistung ankommt, so versagt seine erheuchelte Energie. Wer sich einer Sache rühmt, hat auch die moralische Verpflichtung, sie auszuführen. Noch weniger beliebt als ruhmredige Menschen, die doch meist mit ihrem Thun sich brüsten, sind solche, die an dem Thun und Treiben ihres Nächsten etwas auszusetzen finden. Solche giebt es leider sehr viele in der Welt, so daß niemand, ohne getadelt und kritisiert zu werden, leben kann. Und wie selten sind gerade jene, die sich zum Richter über andere aufwerfen, zu solchem Urteil berechtigt! Es ist schimpflich, einem andern ein Vergehen vorzuhalten, das man selbst begeht oder begangen hat. Der Tadel wird oft durch Spott besonders bitter; eine von spöttischen und verächtlichen Bemerkungen durchsetzte Zurechtweisung erzeugt gerade das Gegenteil; anstatt Besserung bewirkt sie Haß. Darum soll sich jeder wohl hüten, gutgesinnte Leute zu verspotten oder zu beschämen; durch ein gutes Wort an rechter Stelle kann manches vermieden werden.

300.* Por ce deffent à toute gent, Qui se vantent de maint afere, Dont il ne sevent à chief trere, Qu'il lessent ester lor vantance: Et je vous di bien sanz faillance, Quant il s'en vantent, c'est folie. IV. p. 66 v. 274; L. II. p. 89, 282; E. p. 32; Dür. II. 546. — 302.* Car hom dit trop plus de la choze Que on n'i trueve à la parcloze. III. p. 217 v. 69. — 303.* Por cou vous die en la parfin: Teus cuide avoir le cuer mout fin Et mout repoint, n'est pas mençoigne Qui set mout peu à le besoigne. V. p. 178 v. 225; L. II. p. 448; K. 471. — 303a.* Par cest lai vos di en la fin: Tex cuide avoir le cuer molt fin Et molt sachant tot sans essoine Qui l'a molt povre à la besoingne. V. p. 407. — 304. Quant um parle de truple et rage Ne pense de autre fere damage. VI. p. 198 v. 7; L. I. p. 167; Dür. I. 170. — 305.* Dehait qui le dit s'il ne fet. I. p. 99 v. 73; L. II. p. 243, 254, 260, 291, 320, 351, 376; K. 603; Dür. II. 712; Ma. 312; S. 120. — 306. Dieu! come le siecle est maloré, Que nul puet vivre sans estre blamé. II. p. 255 v. 392; L. II. p. 462; Afz. L. 28. — 307.* On ne doit mies trop reprendre Aucun fol, s'on li voit emprendre Par ynnorance aucune cose, Car il avient que tels bons cose Sour qui il a bien à koser. Pour çou vous di ge bien, qu'oser Ne doit nule bone tel cose faire, Mais à bien tourner son afaire, La doit cascuns mettre s'entente. VI. p. 263; L. II. p. 420, 424, 442, 539; Dür. II. 350; K. 501 f; S. 191/2. — 308.* Turpe est doctori, cum culpa redarguit ipsum. Chatons dist en cest vers la glose, C'on a blasmé à faire autrui Puis c'on en a blasme et anni, C'est grant folie qui ce fet, Son sens amenuise et deffet. V. p. 260 v. 520; L. II. p. 444; C. d. B. XVIII. — 309. Folie est d'autrui ramprosner, Ne chose araisouner Dont il ont anuyet vergoigne; On pourroit de ceste besoigne Souvent moustrer prueve en maint quas. Mauvés fet juer de voir gas, *Car on dist et c'est chose vraie; Que bonne atent, qui bonne paie; Cui on ramposne en on bedenge, Quant il en voit lieu, il s'en venge, Et *tel dautrui moquier s'atourne Que sus lui meisme retourne III. p. 247 v. 1; L. II. p. 300, 384/5; 387/8; K. 504. — 310. Bien doit à escbar revertir Qui en toz tens en veut servir. III. p. 15 v. 420; L. II. p. 420. — 311.* C'onques ne vous prenge talens De faire honte à bones gens. Qui s'en garde, il ne fait que sages, Et Dieus le nous meche en courage De faire bien, le mal laissier. II. p. 44. v. 409; L. I. p. 101; II. p. 314, 343/4, 384, 486; W. 225; Afz. L. 25; Dür. II. 246; Ma. 430. — 312.* Cortebarbe dist orendroit C'on fet à tort maint home honte. I. p. 81 v. 332. — 313. Car raisons ensaigne et droiture Que nus ne puet metre sa cure En mal faire ne en mal dire Touajors ne l'en soit siens le pire. II. p. 44 v. 390; L. II. p. 395; 461, 481; K. 455; E. 21; C. d. B. XXXX. — 314.* Maintes genz sans metre du lor Se porroient molt fere amer; Por seulement de biau parler Puet l'en molt grant los acueillir; Quar qui biau dit, biau veut oïr Et qui mal dit est bel 11 ne puet estre qu'il ne l'ait; En tel point le voit on et trueve: *On dit souvent: L'uevre se prueve. I. p. 83 v. 46; L. II. p. 113, 143, 247, 324, 360, 366, 383, 395, 489, 493; K. 482, 501; Dür. I. 660, II. 630, 701, 718; M. 230; H. Z. 13; S. 148.

i. Verläumder, Lügner, Betrüger.

Wer ein ehrbares Leben führen will, muß mit Verläumdern und Neidern kämpfen. Viele Menschen reden gerne und in böser Absicht schlecht von ihrem Nächsten, bedenken aber nicht, daß ihnen leicht dasselbe widerfahren kann. Keine That, keine Eigenschaft wird gerecht beurteilt, und es hält schwer, einen aufrichtigen und treuen Freund zu finden. Aber trotz aller Verläumdung und Lüge, die beide keinen wahren Vorteil bringen, kommt die Wahrheit doch an das Licht. Den Leuten dieses Schlages sind nahe verwandt die Betrüger, es ist nur der Schritt von dem Worte zur That, der sie trennt. Solche Schurken verstehen es meisterhaft, durch Verstellung und Lobhudelei leichtgläubige ehrbare Leute zu hintergehen, sie um das Ihrige zu betrügen und in Unehre zu versetzen; es ist nicht leicht, solche bösen Charaktere zu erkennen, um sich vor ihnen zu hüten, und fast unmöglich einen bessernden Einfluß auf sie auszuüben. Zuweilen aber finden auch solche verräterischen Menschen ihren Meister, und es ist nur gerecht, wenn die von ihnen geplante böse That sie selbst trifft und schädigt.

315. Qui vuet au siecle à honeur vivre Et la vie de seux ensuyvre Qui béent à avoir chevance, Mont trueve au siecle de nuisance Qu'il at mesdizans davantage Qui de ligier li font damage, Et si est touz plains d'envieux. Ja n'iert tant biaux ne gracieux, Se dix en sunt chiez lui assis, Des mesdizans i aura sis Et d'envieux i aura neuf; Par derrier nel prisent. I. oef Et par devant li font teil feste, Chascuns l'encline de la teste. Conment n'auront de lui envie Cil qui n'amandent de sa vie, Quant cil l'ont qui sont de la table Qui ne li sont ferm ne estable? Ce ne puet estre, c'est la voire. III.· p. 215 v. l. — 316. Gens sont costumier de mesdire. III. p. 89 v. 33; L. II. p. 358. — 317.° Mes partout sont molt malparlant; Et teus remonstre bel semblant Por los et por ennor atrere, Qui n'a cure de folor fere. V. p. 45 v. 58; L. II. p. 290; K. 491. Aft. L. 16. — 318. On se doit mout bien aviser S'il a sour lui que deviser Ains que sour autrui on mesdise. VI. p. 269; L. I. p. 236, II. p. 456. — 319. Car nulle rien ne pourroi fere Que um ne trovera le contrere. II. p. 255 v. 400. — 320.° Si vus estez simple et sage houm, Vus estez tenuz pour feloun; Si vus parlez sovent et volenters, Vus estes tenuz un janglers; Si vus riez riant semblaunt, Vus estez tenuz pur enfaunt; Si vus riez en veyn, Vus estez tenuz pur vileyn. II. p. 249 v. 217. — 321. Mes tant de gent servent de guile C'on n'en puet nus loiaus trover. M. N. R. I. p. 227 v. 1116. — 322. Car Il n'afiert mie c'on mence, Ains doit en ensievir le voir. VI. p. 263; L. II. p. 441. — 323. Mentira n'i vaut, ce vui je bien. II. p. 164 v. 220. — 324. Par bon semblant et par bel dire Sevent acun felon plain d'ire Autrui soprendre et dechivoir, Et cant ilh sevent de ce voir, Dont ilh sont de savoir en graut Anui et en graot deshonour Mis ches cui effroient honour. Por ce ne seit on mais cui croire, Ke li faus ne vuelent recroire De lor traison porchachier; Les loiaus font si deschachier, Ains K'il soient de riens créu, Ke teilh travalh lor sont créu K'il n'ont repos ne jor ne eure De pener à ce k'al descure Puisce lor loialté mener Si con fiet chil dont velh conter. III. p. 123 v. l. — 325.° A homme fet mauvès prester Qui ce ne rent que l'en li porte. III. p. 205 v. 172; L. II. p. 386, 403/4, 494. — 326.° On doit tres bien paier la gent De cho, quant on l'a acrêue. IV. p. 10 v. 252, L. II. p. 143. — 327. Mes li mauvais, fel et cuvers Est à mal aprandre aouvers; Li faus hons avers et traites Si est toz jorz embrons et tristes Quant il ot le bien recorder, Quar il ne s'i puet acorder. Quant il ot aucun conteor, Si dist: „Oiez, quel menteor! Cist en tuera ja tels vint, Dont ainz nus à estor n'en vient, Nonques ne furent né de mere." Mout par li est au cuer amere L'example des biens qu'il ot dire Que toz muert et d'anui et d'ire. III. p. 199 v. 9. — 328. . . . les cuivers Qui les corages ont divers Et qui sont envieus sur ceus Qui les cuers ont vaillanz et preus. I. p. 25 v. 23. — 329. Il n'est nus hom qui amer doie Celui qui trahison li quiert I. p. 52 v. 853; Dür. II. 533. — 330.° Teus cuide cunchier autrui Qui tout avant cunchie lui. IV. p. 127 v. 445; L. II. p. 272, 290, 309, 388, 392, 408, 420, 424, 518; C. d. B. XXXIX.; E. 5; Dür. I. 727. — 331.° Bien l'en avient qu'avenir dut Qu'ele brassa ce qu'ele but. I. p. 167 v. 192; L. II. p. 189, 422, 482, 486, 525/6, 544; K. 552. — 331a.° Comment? fait ele, ne doit boire Le vin malveis qui tel le brasse? II. p. 87 v. 1228. — 331b.° Qui merde brasse, merde boive, Quar ce est bien resons et droiz. IV. p. 119 v. 118; H. Z. 189. — 331c.° . . . qui le brasce si le boive VI. p. 129 v. 352; Dür. I. 438. — 332.° . . . comme gsaigne Fait chix qui autrui vrent dechoivre; Teu cuide sour autrui boire Qui boit sour li. II. p. 74 v. 840. — 333.° Rutebuez dit, bien m'en souvient: Qui barat quiert, barat li vient. III. p. 226 v. 131; L. II. p. 332, 486; Dür. 521. — 333a.° Et ce l'en dut bien avenir: Qui outrage quiert, il li vient. IV. p. 211 v. 101. — 334.° Pur ce est droit que mal purchace Qe à la foiz mal à li face. II. p. 192 v. 263, L. II. p. 385, 395/6; K. 548; W. 257; Dür. II. 654. — 335.° C'est de tel vente tel marchié. II. p. 240 v. 168; L. II. p. 150, 426. — 336. Ars et bruiz soit en. I. fo Qui le bion à fere destorne. III. p. 207 v. 253; L. II. p. 299, 314, 337; W. 225.

j. Dieb.

Das Diebshandwerk ernährt seinen Mann, nur er muß es gut verstehen; ein Musterdieb schont selbst seinen Genossen nicht. Der Verkehr mit solchen Leuten wirkt verderblich, und sie endigen ihr Leben meist am Galgen. Sollte aber ein Dieb durch die Fürsprache irgend jemandes vom Tode befreit worden sein, so wird er sich keineswegs scheuen, seinen Wohlthäter zu schädigen; das Gefühl der Dankbarkeit wohnt nicht im Herzen böser Leute.

337. Doit bien vivre qui si bien emble. IV. p. 95 v. 74. — 338.* Pour ce di à tous, ce me semble, Bon larron est qui autre[s] emble. V. p. 316; L. II. p. 307; Dûr I. 293. — 338a.* Bien est larron, qui larron emble. IV. p. 96 v. 96. — 339.* Pór ce vos di, Seignor Baron, Male est compaignie à larron. IV. p. 111 v. 532; E. p. 26; Afz. L. 15. — 340. S'avoit esté pendus lor pere, C'est à larron daarain mes IV. p. 93 v. 11. — 341.* Por ce vos di, tot en apert, Que son tans pert qui felon sert. Raembes de forches larron, Quant il a fait sa mesprison, James jor ne vous amera, Ains à tousjours vous haïra; *Ja mauvais hom ne saura gré A nului, si li fait bonté; Tot oublie, riens ne l'en est, Ençois seroit volentiers prest De faire li mal et anni S'il venoit au dessus de lui. I. p. 303 v. 67; L. I. p. 243; II. 171, 274, 392, 477; L. II. p. 336, 492; E. 76; K. 521; W. 169; Dûr. L. 538; L. I. p. 252.

3. Tugenden.

Mitleid, Vorsicht, Mässigkeit, Ausdauer, Zwang, Frühaufstehen.

Unser Mitleid soll keinem Menschen vorenthalten werden, besonders wenn derselbe sich in bedrängter Lage befindet. In manchen Lebensverhältnissen ist Vorsicht geboten, sowohl beim Wählen zwischen zwei Uebeln als auch bei der Verteilung von Almosen, beim Urteil über andere und im Vertrauen zu jemand. Vor allen Dingen haben die Eltern in Worten und Werken sich zu hüten, die Kinder zu Zeugen derselben zu machen. Wer in allem Thun das Maß walten läßt, erwirbt sich die Anerkennung jedes verständigen Menschen. Beim ersten Versuch mißlingt es manchem, darum heißt es Ausdauer zeigen und nicht vor dem zweiten oder gar dritten Male zurückzuschrecken. Der Mensch, von Natur wankelmütig, bedarf des Zwanges; sobald ein Muß vorliegt, dann gelingt es auch. Das Frühaufstehen wird als gesund empfohlen, vor allem das barfüßige Einherwandern im bethauten Grase. Hier mag ein guter Rat angeschlossen werden, den derjenige befolgen wird, der beim Trinken wahren Genuß haben will.

342.* De pechéor misericorde. I. p. 286 v. 943; L. I. p. 39; II. p. 475, 494; Ma. 397. — 343.* Par ce nous veut Haiseaus moustrer: Qu'il se fet bon de tot garder. VI. p. 50 v. 18; L. II. p. 313; E. 88. — 344.* A mol pastor chie lous laine. III. p. 262 v. 298; L. I. p. 179; II. p. 460 472; H. Z. 170. — 345.* La male garde pest lo leu. V. p. 156 v. 160; L. L. p. !81; H. Z. 155. — 346.* Par cest example voil moustrer C'on doit aincois li leu huer Des bestes qu'il y soit venuz. I. p. 237 v. 173. — 347.* Le maindre mal doit hom eslire Pur eschiver cel ke est pire. II. p. 226 v. 318; L. I. p. 281, 474, 492; K. 405; E. 47; Dûr. II. 752; H. Z. 199. — 348.* Car de. II. maus prent on le mieux. II. p. 50 v. 115. — 349.* Li escriture nos temongne C'on doit garder à cui on done, S'emploiiet est à la persone A qui on veut aumone faire. III. p. 109 v. 86; L. II. p. 301; S. 102. — 350.* Mal est couvert cui le cul pert. III. p. 23 v. 649; L. II. p. 315, 470, 478; H. Z. 269. — 351.* Par ceste chanson vous puis tesmoignier Que du petit ueil se fait bon guetier: Ex oculo pueri noli tua facta tueri. II. p. 30 v. 167; L. I. p. 216, 238, 240; II. p. 361, 475; Dûr. L 899. — 351a.* Ne mais itant dire vos voil Que l'on se gart do petit oil Et de larron qui est prové; Car ainz avra assez emblé Que l'en s'en soit aperçéu. IV. p. 149 v. 55. — 351b.* Par ceste fable moustrer voilg Que l'en se gart dou petit eulg Autresine bien comme del grant; De fol et de petit effant Se fait bon jors mout bon garder Car ils ne sevent riens celer. VI. p. 151 v. 109. — 352.* Qy par mesure tote ryen fra, Ja prudhome ne l'y blamera, Par mesure menement Come est escrit apertement Et le latin est ensi: Medium tenuere beati. II. p. 256 v. 415; L. II. p. 287, 294, 330, 352, 399, 401, 406; E. p. 33; C. d. B. XXXXVIII.; Afz. L. 7; Dûr. I. 238; H. Z. 52. — 353.* Et en dit bien en reprovier Que trop estraindre fait chier. III. p. 104 v. 50; L. II. p. 490; K. 622; Dûr. II. 552; Ma. 512. — 354.* Plus muet on le fiens, plus il puet. VI. p. 132 v. 456; Dûr. L 808; H. Z. 191. — 355.* Par foi, tierce foie droiz est. I. p. 213 v. 452. — 355a.* Tierce foiée, quar c'est droiz. IV. p. 44 v. 97. — 355b.* La tierce fois, c'est le drois. V. p. 328. — 356.* Fere l'en estuet sa besoingne. I. p. 128 v. 73; L. II. p. 193, 303, 355, 378; K. 629; W. 261; Dûr. II. 191; Ma. 339; I. p. 205 v. 203; V. p. 209 v. 43. — 356a.* Grant cose a en Faire l'estuet. VI. p. 61 v. 254. — 357.* Mes besoing fet vielle troter. M. N. R. I. p. 245 v. 1692; L. II. p. 247, 473, 486; Dûr. II. 192; Ma. Z. 2, 38. — 358.* Quar par matin fet bon lever. I. p. 257 v. 75; L. II. p. 164, 171, 232, 247, 310, 340, 344. — 359. Car li lever gist la mechine. IV. p. 11 v. 283. — 360. Sire, dist ele, la rousée Est bone et saine en icest tans Et est alegemenz moult granz, Ce dient cil fusicien. I. p. 257 v. 68. — 361. Entre II. boires I. soupir J doit on faire seulement: Si en dure plus longuement La douceur en bouche et la force. III. p. 149 v. 134.

4. Fehler.

Irrtum, List, Betrug, Habsucht, Neid, Eifersucht, Verlust, Mord.

Der Mensch ist dem Irrtum unterworfen und erkennt darum auch nicht immer den wahren Wert; der äußere Schein verführt ihn dann zu einer falschen Beurteilung. Eine schlechte Gesinnung, aus welcher alle andern Laster entspringen, wohnt im Herzen manches Menschen. Der List weicht die Stärke, und selbst das gute Recht wird durch Falschheit und Betrug überwunden und unterdrückt; der Ueberlistete muß den Schaden tragen. Die Habsucht und der Neid stürzen viele in Schmach und Schande und verleiten zu allerhand Unehrlichkeit; wer mit einem Gefährten zusammen etwas erworben hat, soll sich nicht von der Habsucht fortreißen lassen zum Betruge, sondern ehrlich mit ihm teilen. Ein böses Ding ist die Eifersucht; sie lenkt unter Umständen ganz und gar den Willen und verursacht größeren Kummer als irgend ein anderes Uebel. Wer einen Verlust hat, mag ihn beklagen oder ihn wieder gut machen, wenn es möglich ist; die Reue kommt oft zu spät. Durch zu langes Warten hat sich mancher geschadet. Auch im Verluste giebt es einen Unterschied, denn mancher Schaden hat noch eine gewisse Annehmlichkeit. Gegen eine schwere Krankheit wirkt nur ein kräftiges Mittel; die Uebertragung einer Krankheit auf den Pfleger ist nicht ausgeschlossen. Ein Mord kann nicht verborgen bleiben.

362. Maintes gens sont ke on sordist Que li drois pas ne waraudist, Car li drois en maint liu s'oublie. IV. p. 17 v. 465. — 363. Ce que à l'un paradis estoit Sambloit à l'autre droiz enfer. I. p. 240 v. 80. — 364.* On asseiz del fust l'ascorce, Mais on ne seit qu'il a dedens. II. p. 206 v. 284; Dür. II. 300. — 365.* Teil gent font bien le siecle pestre Qui par defors cemblent boen estre Et par dedens sont tuit porri. III. p. 271 v. 248; L. II. p. 424, 477; K. 532/3. — 366.* Car il pert assez à l'esteule Que bons n'est mie li espis. III. p. 248 v. 50; L. II. p. 254. — 367.* Li abis ne fait pas l'ermite; S'uns hom en hermitage habite, C'il de povres draz vestus, Je ne pris mie. II. festus Bon habit ne sa vestüre, C'il ne mainne vie ausi pure, Coume ses habiz nos demoustre. Mais mainte gens font bele moustre Et merveilleux senblant qu'il vaillent; Il semblent les aubres qui faillent Qui furent trop bel au florir: Bien devroient teil gent morir Vilainement et à grant honte. I. proverbes dit et raconte Que 'tout n'est pas ors c'on voit luire. III. p. 263 v. 1; L. I. Einl. p. LV., 36, 81, 171, 265; II. 468, 479, 491, 493, 545; E. p. 26; W. 243; Dür. I. 33, 764, 912—14; Ms. 327. — 368. Mauvestiez qui maint homme enteste A fere anui et vilonie Et cruauté et felonie. III. p. 202 v. 92. — 369. Li vileins dit en son proverbe Que mains hom a le tort requis Qui par plaidier aura conquis; Engiens a fauxée droiture, Fausers a veincue nature; Torz vait avant et droiz aorce: Mielz valt engiens que ne fait force. III. p. 214 v. 153; L. II. p. 296, 300, 347, 365, 414, 479; K. 673; S. 125. — 370.* Boen gesir fait desor notre herbe; Miaus vaut char d'oe o de plovier Que braon d'asne por mangier. °Nature passe norriture, Fauseté a morte droiture. III. p. 401; L. I. p. 269; II. p. 321, 352, 469, 479; Dür. I. 546, II. 159; H. Z. 162. — 371. Et por ce fet il bon aprendre Guile et barat, ce est la somme, Quar mestier ont en maint homme. III. p. 67 v. 279. — 372.* Et on voit avenir tous tans C'on fait d'autrui larges corroies. IV. p. 26 v. 748; L. I. p. 240; II. 279, 387, 460, 474, 489; Dür. I. 92; H. Z. 23, 108. — 372a.* Quar d'autrui cuir large corroie. B. M. IV. p. 195 v. 53. — 373. De ma mance ma ters mon nés; De ma paste m'a fet tortel. III. p. 245 v. 541 u. 545; L. II. p. 268. — 374.* Il li vendi paille por grain Et changa por le forment l'orge. II. p. 18 v. 320; L. II. p. 506; Dür. I. 843, 888. — 375.* . . . covoitise si est tens Qu'ele fait maint home honteus: Covoitise preste à usures Et fait recoper les mesures Por covoitier d'avoir plus aise. V. p. 212 v. 18; L II. p. 227, 278, 303; K. 637. — 375a. Covoitise preste à süure Et fait recoper la mesure, Homes an bataille perir, Mes Deus fait ele relanquir. Courtoisie fait l'ome prandre L'autrui don ele la fait pandre. V. p. 371; E. p. 25, 30. — 376.* Mes en la fin di en apert: Cil qui tot covoite, tout pert. V. p. 36 v. 126; L. II. p. 198, 255, 274, 402, 407, 466, 482, 488; E. 70 v. 27. Dür. I. 37, 38; II. 553; H. Z. 69. — 377.* Car qui trop prent et trop acroit Ains qu'il ne veut caitis se voit. II. p. 61 v. 466; L. II. p. 402, 429; K. 433; H. Z. 70. — 378. Quant plus manjue, plus fain a. IV. p. 146 v. 61; L. II. p. 198; Dür. I. 809. — 379. Envie si est plus malvaise Qu'els va tot le mont coitant. H. Z. 212 v. 23; L. II. p. 296/7. — 380*. Mais envie point ne s'estanche. V. p. 244 v. 29; Dür. II. 117; H. Z. 217. — 381. Quar envie est de tel afere Qu'ele maint tout ades el cuer De ceus qui sont mis à tel fuer Qu'il n'oent de nului bien dire Qu'il ne vueillent contredire. V. p. 243 v. 13. — 382. Par exemple vos moustre et preuve Que se nul de vos avoir treuve, S'il i a compaing ne compaigne, N'atende pas que il s'en plaigne, Mes rende l'en toute sa part. V. p. 36 v. 117; L. II. p. 479; C. d. B. XVI. — 383. Male chose a en jalousie. I. p. 255 v. 17. — 384. Bien le demaine jalousie Qui de lui fet tout son voloir. I. p. 260 v. 148.

— 385. ... mal qui vient de jalousie, Et c'est la graindre derverie Del mont, sie en vient mains anuis. IV. p. 1. v. 8. — 386. Quar jalousie l'a espris Qui est pire de mal de dens. V. p. 9 v. 242; L. I. p. 263. — 387. Qui a perdu, si ait perdu. III. p. 174 v. 134. — 388. Qui.perdra, rende les domages. III. p. 80 v. 114. — 389.* Je di: Cil se repent trop tart, Qui se repent quant a perdu. V. p. 36 v. 122; L. II. p. 419; K. 530; Dür. I. 286. — 390.* Et si vos revoil fere entendre Que L'en pert bien par trop atendre. V. p. 36 v. 125; L. II. p. 229, 246, 328, 351, 479; K. 313; W. 238. — 391.* Sovent ai oï amentoivre Et dire et conter en main leu: Li domages qui bout au feu, Vaut miaus queucil qui ne fet aise. V. p. 155 v. 118; L. II. p. 251, 314, 489. — 392.* Contre fort mal fort oignement. M. N. R. I. p. 234 v. 1340; Ma. 396. — 393. Mala de est qui mal ade trait. M. N. R. I. p. 52 v. 442. — 394.* Murtres ne puet estre celé. VI. p. 125 v. 256; Dür. II. 424. — 394a.* Par cest conte savoir poez Que nus murtres n'iert ja celez; Ja tant n'iert fais celéement Que li deables cointement Ne lou sache bien avant traire. VI. p. 253.

5. Freundschaft.

In der Not soll jeder seinen Freund unterstützen, denn zu zweien überwindet man leichter das Unglück; das Geschenk eines Freundes kann man getrost annehmen, denn wer nicht nimmt, giebt auch nicht gerne. Gastfreundschaft wurde gerne gewährt, aber nicht übermäßig ausgebeutet.

395.* ... A grant besoin Doit l'en bien son ami aidier. VI. p. 12 v. 123; L. II. p. 231/2, 341, 468, 473, 485; E. 31, 85; K. 106; W. 204; Qui. p. 133. — 396.* Mes miex vaut compaignon que nient. I. p. 205 v. 224; L. II. p. 236; K. 100; E. 46, 50, p. 25; Dür. I. 34, 582; S. 118. — 397.* l'en doit bien, par saint Remi Prandre. I. biau don de son ami; Quar qui de prandre n'est hardiz, De doner est acouardiz. III. p. 39 v. 38; L. II. p. 316, 329. — 398. N'est si grans cors qui ne departe. III. p. 224 v. 57. — 399. Vos savez bien, ce est costume, Quant noise lieve en aucun lo Que l'an vait alumer lo feu. V. p. 390.

6. Liebe.

a. Das Wesen der Liebe.

Die Liebe ist eine gewaltige, alles überwindende Macht, die keine Standesunterschiede kennt. Am heftigsten erwacht sie in den Herzen zu der Zeit, wo die Nachtigall ihre lieblichen Weisen ertönen läßt, dann „fliegt das Herz mit den Blicken davon." Als Muster aufrichtiger Liebe werden Tristan und Isolde erwähnt.

400.* Amur est celi qui tut veint. II. p. 221 v. 196; L. II. p. 237/8, 472; K. 16; Dür. II. 41; Qui p. 217; S. 131. — 401.* Quar qui par amor sueffre maus Bien li set merir ses travaus Que loiaument sueffre por li. Veritez est, et je le di, Qu'amors vaint tout et tout vaincra Tant com cis siecles durera. V. p. 262 v. 574. — 402. Si puet on par cest dist aprendre C'on ne doit blasmer ne reprendre Les amies ne les amanz, Qu'amors a pooir et commanz Par deseur toz et deseur totes Et d'euls fet ses volentez toutes, Et tret à honor toz ses fez. V. 262 v. 562. — 403. ... amors l'efforça Et volentez qui la force a sor toz et sor toutes ensamble. V. p. 261 v. 537. — 404.* Bien est amors et sire et mestre Quant du mont le plus poissant Fet si humble et obeissant Qu'il ne prent nul conroi de lui, Ainz soublie tot por autrui. C'est droiz, qu'amorz est de tel pris Que, puis qu'ele a l. hom pris, N'i doit avoir nul desroi, Qu'autant a amors sor un roi De droit povir, ce est la somme, Comme sor tout le plus povre homme Qui soit en Champaigne n'en France, Tant est sa seignorie franche. V. 246 v. 100; K. 22, 23; Dür. I. 243, II. 391; Qui p. 238. — 405. Amors qui maint preudomme a pris. V. p. 254 v. 345. — 406. Li roxingola la matinee Chante si cler par la ramee Que toute riens se muert d'amer. I. p. 256 v. 45. — 407.* Avec les oelz li cuers s'en vole. II. p. 202 v. 146; L. II. p. 365, 388; Dür. I. 128, 130; Qui p. 203, 212. — 408.* Tristans com fu en cest monde, N'anma autant Ysout la blonde Cum si. II. amans s'entr' emmerent. I. p. 319 v. 29.

b. Ihre Wirkung.

Mut und Tapferkeit erweckt sie im Herzen des Liebenden. Sowohl das kühl denkende Alter wie die leidenschaftliche Jugend sind ihrem Einflusse unterworfen, jenes wird schwatzhaft, diese höchst erregt. Die Liebe hat auch ihre Schattenseiten; sie quält und peinigt ihre Unterthanen, aber zu gleicher Zeit läutert sie dieselben und erteilt den treu und aufrichtig Verehrenden ihren Lohn. Sie gehört ebenso wie das Zahnweh zu den schlimmen Krankheiten, dennoch sehnen sich alle nach ihr und sogar in dem Maße, daß schon der Ruf einer Schönheit Liebe zu erwecken vermag.

409.° Amors demande hardement. Cil que Amors a pris au las Ne doit pas estre coardi; Sëurs doit estre et hardi. II. p. 100 v. 244; Dür. I. p. 249; Qui p. 148, 225. — 410. Par la raison de cest flabel Monstré ai example novel As valles et as damoiseax, Qui d' Amors mainent lor cenbeax, Que, qant auront lor cuer doné As dames de trés grant beauté Que il la doit tot arroment Requerre molt hardiement. S'ele l'escondit au premier, Ne la doit mie entrelaissier; Tost amolit vers la proiere, Mais que il soit qui la requiere. II. p. 112 v. 615; K. 57, 58. — 411.° Bien fait amors d'un viel rados Puis que nature le somont, Quant tout le meillor clerc du mont Fet comme roncin enseler. V. p. 258 v. 447; K. 40; Qui p. 239. — 412. Il n'est aus (mot) qui ne prengne some As jones gens, ce est la some, Et c'est à toz. L molt dos mot. El monde n'a sote ne sot Ne vielle de IIIIxx anz Qui ne soit durement joianz, Quant el en oit. I. sol mot dire, Au meins l'en estuet il à rire. IV. p. 200 v. 25. ⌐ 413.° Ainsi va qui amors maine. V. p. 258 v. 496; L. II. p. 235. — 414. Et si savés bien qu'amours point Si fort et maistrie les siens Qu'il n'est si fort ne si siens Qui contre amors se puist deffendre. VI. p. 267; L. II. p. 302; K. 49 f. — 415. on ne puet decevoir cuer fin Ne oster de sa volenté, Puis qu'amors l'a en volenté Por emprisoner et destraindre; Et cil qui de ce se veut faindre N'est mie trop loiaus amere, Puis que s'amor li samble amere, Quar mieus ne puet on en durer Amor que par dessavrer Por celui mal bien plere doivent Par maintes foiz le mal traitant Qu'ausi amors vont essaiant. Si set ele rasseürer Qui puet en leauté durer S'atende et sueffre son martire, °Quar à joie li revient s'ire. V. p. 261 v. 245; L. II. p. 234; Qui p. 196; S. 65. — 416.° On du musart, Que plus li desfent et plus art. Car pire est, ce dient les genz, I. tel maus que n'est mal des denz. V. p. 47 v. 125. — 417.° Ains ne la vit, et ne quedent Si l'amoit il, c'avient sovent: Et por loer bien aime on Tot sans veoir, ce sanble bon. VI. p. 97 v. 43; Qui p. 2, 221.

c. Die Liebenden.

Wem etwas an seiner Liebe liegt, der muß sich gegenüber seiner Auserwählten aufmerksam und dienstbeflissen, klug und verständig verhalten, auch soll er es wohl verstehen, seine Neigung vor den Augen der Welt zu verbergen und zu verheimlichen. Oft würde es den Liebenden schlecht gehen, wenn Gott nicht als ihr Beschützer über sie wachte und alles Unheil abwendete. Die Liebe einer vornehmen Dame kann nur durch Aufopferung in ihrem Dienste gewonnen werden. Eine jungfräuliche Liebe übertrifft jede andere „wie der Habicht an Kraft den Sperber." Die Gelehrten sollen besonders empfänglich für die Liebe und leicht von schlauen Frauen zu bethören sein, da sie von ihrer Studierstube aus das wahre Leben nicht kennen lernen. Die Natur legt den Liebenden aber auch Schranken auf, die nicht ungestraft übertreten werden dürfen.

418. Il covient mener par esgart Amors qui les veut maintenir Que l'en nes puist por sos tenir. L p. 246 v. 38. — 419. Seignors, vallez et damoisel, Soviegne vos de cest fablel: Se ja conquerrez à nul jour Que vos aies de haute amour Ne vo deduit ne vo voloir, S'en ouvrez par plus bel savoir. VI. p. 31 v. 214. — 420.° Qui aime, il doit s'amor celer. III. p. 282 v. 206; K. 24; Qui p. 196; Dür. ll. 46; Qui p. 263. — 421.° Trais sunt li dous amanz Si Deu ne lur seit guaranz. II. p. 229 v. 409; Qui p. 214. — 422. Proiche li dist et tesmoigne C'on ne doit pas avoir sans peine Amur de dame sovereine. III. p. 127 v. 118; K. 57. — 423. Et je di qu'amor de pucele Quant fins cuers i est ententiex, Est sor toute autre rien gentiex Comme li ostors au tercuel. I. p. 238 v. 18. — 424.° Fix, cil qui sevent les escriture Solent amer à demesure; Cil qui plus set, Aime plus tost et plus tost et S'il voit chose qui li agrée. Cil qui set plus, Est par fame plus tost mis jus Que cil qui connoissent les us Qui que s'en gart. Fame cointe de male part Si se fait bien ver lo musart Et cointe et fiera. M. N. R. I. p. 60 v. 698; K. 21; S. 156. — 425. Debait amors de capelain Ne qui l'aimme par mi le col, Ne la fin s'en tient on pour fol. IL p. 81 v. 1042. — 426. Que feus d'infer arde les raius Qui au riber espargneront; Et tout cil qui em parleront En mal soient de Dieu maudit. VI. p. 269. — 427.° On ne puet mie totans faire, Ce savez bien, icel afaire; Quez dyables feroit tot tans! En non Deu, je sui recréans; Se vilain ont biax buez par hores, Si ne sont mie tos tans mores; °On puet bien si destraindre l'ive K'ilh n'i a seve ne salive. II. p. 210 v. 405. — 427a.° On ne puet pas faire tous tans K'on ne soit et las et estans. II. p. 350; L. II. p. 392.

7. Dichtung, Fabliau.

Das Vortragen der Fabliaux und ähnlicher Dichtungen gewährte nicht nur den Dichtern und Spielleuten materielle Vorteile, sondern hatte auch auf die Zuhörer moralischen

Einfluß durch die meist am Schluß hinzugefügte Lehre; sie trugen ferner dazu bei, die Gemüter zu erheitern und streitsüchtige Naturen auf andere Gedanken zu bringen. Die „risées, mokeries desghisées, truffes, gas" erfreuten sich größerer Beliebtheit als die ernsten Betrachtungen einer Predigt. Wenig Anklag fanden die „voir gas", solche spaßhaften Erzählungen, die in plumper Weise Anwesende lächerlich machten. Mehrfach wird hervorgehoben, daß es gewisse schlecht gesinnte Leute gebe, die jede belehrende Richtung des Fabliau verachten, sich gegen die moralische Wirkung auflehnen und diese Dichtungsart auch bei andern in Mißachtung zu bringen versuchen. Die Fabliaux, welche kräftigen Humor mit geringer Ausdehnung vereinigten, waren besonders beliebt. Dichterische Freiheiten, vor allem die Ersetzung des Reimes durch vokalischen Gleichklang, wurden nicht gerügt, zumal wenn der Inhalt eine gewisse Entschädigung dafür bot. Eine genaue Erklärung für die Bedeutung des Wortes „Fabliau" fand sich nirgends; es herrschte die allgemeine Ansicht, daß die Fabliaux aus Fables, Aventures, die den Stoff zu den Dichtungen gaben, zusammengeschweißt würden.

428. Flabiel sont or mout encorsé; Maint denier en ont enborsé Cil qui les content et les portent, Quar grant confortement raportent As enovrez et as oiseus Quant il n'i a genz trop noiseus Et nes à ceus qui sont plain d'ire, Se il oent bon flabeau dire, Si lor fait il grant alegance Et oublier duel et pesance Et mauvaitié et pensement. VI. 68 v. 1. — 429. Gens sont qui ont plus kier risées Et mokeries desghisées Oïr que ne facent siermons. VI. p. 260. — 430. Unes gens sont qui anchois oient Une truffe et plus le conjoient K'une bien grande auctorité. IV. p 47 v. 1. — 431. Il n'a homme de si à Sens, S'adès vouloit parler de sens, C'on n'en prisast mains son savoir Qu'on fait sotie et sens avoir. Qui set aucunes truffes dire, Où parlé n'ait de duel ne d'ire, Puis que des mesdit n'i a point, Maintes fois vient aussi à point A l'oïr que fait uns sarmons. III. p. 137 v. 1. — 432.° Qu'en dirai, ce poez savoir, N'est si mal gas comme le voix. VI. p. 96 v. 24; L. II. p. 434. — 432a." Vous qui oez Cestui conte, entendre poez Que li voir gas ne valent rien. Poi en volt on avenir bien; Aventure est quant bien en chiet; On voit souvent qu'il en meschiet; Du bien cheoir sai poi nouvele. III. p. 251 v. 123. — 433. Vos qui fableaus volez oïr, Peine metes à retenir; Volentiers les devez aprendre, Les plusors por essanple prendre, Et les plusors por les risées Qui de maintes gens sont amées. VI. p. 24 v. 1. — 434. Aventures e enseignement Fount solas mout sovent Et solas fet releg gement, Ce dit Gwaryn qui ne ment. VI. p. 198 v. 1. — 435. Car par Dieu dis est obliée Maintes fois ire et cuisan çons Et abasie granz tançons. Car quant aucuns dit les risées, Les forts tançons sont obliées. II. p. 114 v. 6. — 436. Qui biau set dire et rimoier Bien doit sa science avoier A fere chose où l'en aprenge Et dire que l'en n'i mesprenge. Mes l'en devroit bien escouter Contěr quand il vent trover. Por coi? por ce c'on i aprent Aucun bien qui garde s'en prent. III. p. 199 v. 1 u. v. 23. — 437. De biaus mos conter et retere Ne se doit on mie retrere, Auiz doit on volentiers entendre Biaus mos, quar ou i puet aprendre Sens et cortoisie en l'oïr Dont bien se doivent esjoir Li bon, quar c'est droiz et coustume; Mais li mauvès en font l'enfrume Esraument que il dire l'oent, Et vont la bone gent prisant, Les despisent les mesdisant Quant il pis ne lor puent fere. V. p. 243 v. 1; C. d. B. XXXVII. — 438.° Parole qui n'est entendu, Sachiez de voir, ele est perdu. III. p. 227 v. 5; L. II. p. 368; K. 395. — 439. Car qui bien i voudroit entendre Maint bon essample i porroit prendre V. p. 43 v. 9. — 440. Fablel sont bon à escouter: Maint duel, maint mal font mescouter Et maint annui et maint meffet I. p. 70 v. 3. — 441. Car nus ne l'ot qui n'an amant, Se mauvaistiez trop ne sorprant. VI. p. 146 v. 253. — 442. . . . il m'est conte et dit Que li fablel cort et petit Anuient mains que ll trop lonc. III. p. 46 v. 4. — 443. Mais s'il i a consonancie Il ne m'en chaut qui mal en die, Car ne puet pas plaisir à tous Consonancie sans bone mos. V. p. 83 v. 5. — 444. Des fables fait on le fabliaus Et des notes les sons noviaus Et des materes les cauchons Et des draz, cauces et cauchous. V. p. 171 v. 1; VI. p. 164; Bé. p. 11. — 445. En fabliaus doit fables avoir, Si a il, ce sachiez de voir, Por. ce est fabliaus apelés Que de faubles est aûnes. M. N. R. L p. 192 v. 1.

Leth.

Schulnachrichten.

I. Allgemeine Lehrverfassung der Schule.

1. Übersicht über die einzelnen Lehrgegenstände und die für jeden derselben bestimmte wöchentliche Stundenzahl.

	VI.	V.	IV.	III B.	III A.	II B.	II A.	I.	Sa.
Religion	3	2	2	2	2	2	2	2	17
Deutsch und Geschichtserzählungen	3⎫1⎭4	2⎫1⎭3	3	2	2	3	3	3	23
Lateinisch	8	8	7	7	7	7	6	6	56
Griechisch	—	—	—	6	6	6	6	6	30
Französisch	—	—	4	3	3	3	2	2	17
Geschichte und Erdkunde	2	2	2⎫2⎭4	2⎫1⎭3	2⎫1⎭3	2⎫1⎭3	3	3	23
Rechnen und Mathematik	4	4	4	3	3	4	4	4	30
Naturbeschreibung	2	2	2	2	—	—	—	—	8
Physik, Elemente der Chemie und Mineralogie	—	—	—	—	2	2	2	2	8
Schreiben	2	2	—	—	—	—	—	—	4
Zeichnen	—	2	2	2	2	—	—	—	8
Zusammen:	25	25	28	30	30	30	28	28	224

Zu diesen Stunden treten ferner als allgemein verbindlich hinzu von VI—I je 3 Stunden Turnen, 2 Stunden Singen in VI und V und 3 Stunden für die Chorsänger der Klassen IV—I; unverbindlich für II B, II A und I 2 Stunden Zeichnen, für II A und I 2 Stunden Hebräisch oder 2 St. Englisch.

2. Verteilung der Stunden unter die Lehrer von Ostern 1895 bis Ostern 1896.

Nr.	Namen der Lehrer.	I.	IIA.	IIB.	IIIA.	IIIB.	IV.	V.	VI.	Sa.
1	Professor Dr. Conradt, Direktor.	Latein 6 Gesch. und Geographie 3		Gesch. und Geographie 3						12
2	Prof. Dr. Fahland.		Latein 6	Latein 7 Griechisch 6						21
3	Prof. Dr. Grosse.	Deutsch 3 Griechisch 6	Griechisch 6 Geschichte 3			Naturb. 2	Geschichte 2			20
4	Richter, Oberlehrer.	Religion 2 Hebräisch 2	Religion 2 Deutsch 3 Hebräisch 2	Religion 2		Religion 2 Latein 7 Deutsch 2				24
5	Dr. Ibrügger, Oberlehrer.	Mathemat. 4 Physik 2	Mathemat. 4 Physik 2	Mathemat. 4	Mathemat. 3		Mathemat. 2			21
6	Dr. Demke, Oberlehrer.			Physik 2	Latein 7 Französisch 3 Physik 2	Mathemat. 3		Naturb. 2	Naturb. 2	23
7	Fischer, Oberlehrer.			Deutsch 3	Deutsch 2 Griechisch 6	Griechisch 6 Geschichte 2 Geographie 1	Religion 2 Deutsch 3 Latein 7			23
8	Kehrherr, Oberlehrer.				Religion 2 Gesch. und Geographie 3		Naturb. 2	Religion 2 Deutsch 3 Gesch. 3 Latein 8 Geographie 2		24
9	Bodenstein, Oberlehrer.			Französisch 3		Französisch 3	Französisch 4 Geographie 2		Latein 8 Deutsch 4	17 + Turnen L. u. II. 6 St.
10	Loth, Oberlehrer.	Französisch 2 Englisch 2	Französisch 2 Englisch 2				Rechnen 2	Rechnen 4	Religion 3 Rechnen 4 Geographie 2	26 + Turnen III 2 St.
11	Seifert, Technischer Lehrer.			Zeichnen 2		Zeichnen 2	Rechnen 2 Zeichnen 2	Zeichnen 2 Singen 2	Schreiben 2	24
				Chorgesang 3						

Anmerkung: Die Schüler der städtischen Vorschulklassen turnen zusammen mit der III. Turnabteilung des Gymnasiums dafür giebt der Vorschullehrer Seifert in dieser die 3. Wochenstunde als Spielstunde.

3. Übersicht über die während des abgelaufenen Schuljahres erfüllten Lehraufgaben.

Prima.

Ordinarius: der Direktor.

Religionslehre 2 St. Sommer: Der Römerbrief im Urtext gelesen und erklärt. Winter: Kirchengeschichte. Richter.

Deutsch 3 St. Goethes Lyrik in Verbindung mit dem Lebensbilde des Dichters; seine Dramen, besonders Faust 1. Teil. Shakespeares Julius Cäsar und Koriolan. — Lessings Hamburgische Dramaturgie; Shakespeares Richard III. und Makbeth. Schillers Dramen, besonders Braut von Messina und Demetrius. Heinr. v. Kleists Prinz von Homburg. Vorträge, Aufsätze, 3 Klassenarbeiten. Große.

Aufgaben für die Aufsätze:
1. Inwiefern ist Schillers Wort „Im Kriege ist das Letzte nicht der Krieg" begründet? 2. Wie macht sich Antonius in Shakespeares Julius Cäsar zum Herrn der Lage? 3. a) Inwiefern bezeichnen die Gedichte „Ilmenau" und „Zueignung" einen Wendepunkt in Goethes Leben? b) Wodurch wurde der Untergang des Grafen Egmont herbeigeführt? Nach Goethes Drama. 4. Faust und Wagner zwei grundverschiedene Vertreter des Gelehrtenstandes. 5. Entspricht das Verhalten der Homerischen Helden den Anschauungen der Nibelungenhelden von Treue und Ehre? 6. Mit welchem Recht kann man behaupten, dass Sokrates in Platos Apologie nicht als Angeklagter, sondern als Lehrer und Richter erscheint? 7. Inwiefern tragen in Schillers Braut von Messina alle Personen zum unglücklichen Ausgange bei? 8. Welche verhängnisvollen Irrtümer begeht Schillers Wallenstein?

Aufgaben zur Reifeprüfung:
Mich. 1895: Inwiefern erweist sich Goethes Götz als Erzeugnis der Sturm- und Drangperiode?
Ostern 1896: Welche verhängnisvollen Irrtümer begeht Schillers Wallenstein?

Lateinisch: 6 St. Cic. Briefe u. Philipp. Reden I, II. Tac. Germania. — Daneben: aus Tacitus Ann. und Livius. Horaz, Oden I und II mit Auswahl, Satiren. Alle 14 Tage eine schriftliche Arbeit. Der Direktor.

Griechisch: 6 St. Thukydides VI. Platos Apologie und Teile des Phädon. Sophokles, König Oedipus. Ilias vom 11. Buche an mit Auswahl bis zu Ende. Alle 4 Wochen eine schriftliche Arbeit, 3 Klassenaufsätze. Große.

Aufgaben zur Reifeprüfung:
Mich. 1895: Plutarch, Alc. 18.
Ostern 1896: Plato, Gorg. 79.

Französisch: 2 St. Taine, Les origines de la France contemporaine. Molière, Le Misanthrope. Gropp u. Hausknecht, Gedichte. Privatim Scribe et Rougemont,

Avant, pendant et après. Erckmann-Chatrian, Histoire d'un conscrit de 1813. Alle 14 Tage eine Übersetzung aus dem Französischen. 2 Klassenaufsätze, Sprechübungen im Anschluß an die Lektüre, grammatische Wiederholungen und mündliche Übersetzungen ins Französische. Loth.

Aufgaben zur Reifeprüfung:
Mich. 1895: Lanfrey, Histoire de Napoléon Ier. Ausg. Weidmann, chap. X — mobilisation de son armée.
Ostern 1896: Mignet, Histoire de la Terreur. Ausg. Renger, chap. XXV — le Comité même.

Hebräisch: 2 St. (unverbindlich). Abschluß und Wiederholung der Formenlehre, Hauptregeln der Syntax nach Gesenius-Kautzsch. — Ausgewählte geschichtliche Abschnitte und Psalmen. Alle 3—4 Wochen ein Formenextemporale oder eine grammatische Analyse. Richter.

Englisch: 2 St. (unverbindlich). Massey, In de struggle of life. Macaulay, England before the restoration. Wiederholung der grammatischen Lehranfgabe von IIa; Lese-, Schreib- und Sprechübungen. Loth.

Geschichte und Erdkunde: 3 St. Geschichte des Mittelalters und der Reformationszeit bis 1648. Geschichtliche und geographische Wiederholungen. Der Direktor.

Mathematik: 4 St. Zinseszins- und Rentenrechnung. Wiederholungen aus der Trigonometrie. Stereometrie nebst mathematischer Geographie der Kugeloberfläche. Der Koordinatenbegriff und einige Grundlehren von den Kegelschnitten. Ibrügger.

Aufgaben zur Reifeprüfung:
Michaelis 1895:
1. Ein Dreieck zu zeichnen aus t$_a$, t$_b$, h$_c$.
2. Um einen Würfel, dessen Ecken von den Mittelpunkten der Seitenflächen eines regelmäßigen Oktaeders von gegebener Kantenlänge a gebildet werden, ist ein Cylinder beschrieben. Die Figur ist nach Grund- und Aufriss — in einfachster Lage — zu zeichnen und der Inhalt des Cylinders ist zu berechnen.
3. Von einem Trapez ist gegeben a $=$ 1004, c $=$ 696, b $=$ 223,39, $\alpha = 42^\circ 44' 29''$. Man berechne die fehlenden Stücke und den Flächeninhalt.
4. Eine 3½ prozentige Anleihe von 300 000 $\mathscr{M}$ soll in 25 Jahren getilgt werden. Wie viel muss man am Ende jedes Jahres abtragen? Wie viel Prozent des ursprünglichen Kapitals müssen also jährlich zur Zinszahlung und Tilgung bestimmt werden?

Ostern 1896:
1. Die beiden Brennpunkte F und F' und eine Tangente M N an eine Ellipse sind gegeben. Der Berührungspunkt und die Endpunkte der grossen und der kleinen Achse sind zu bestimmen. Sodann ist die Ellipse zu zeichnen.
2. Um einen Würfel mit der Kante a ist eine Kugel beschrieben und auf den Seitenflächen sind im Mittelpunkt Lote bis zur Kugeloberfläche errichtet. Wie gross ist der Inhalt des so entstandenen Pyramidenwürfels?
3. Wann und wo geht in Greifenberg (Polhöhe $\varphi = 53^\circ 55'$) am 25. April (Deklination der Sonne $\delta = 13^\circ 27'$) die Sonne unter?
4. Die grosse Achse einer Ellipse 2a ist gleich 10, ihre lineare Exzentrizität e $=$ 3. Die Scheitelgleichung oder die Mittelpunktgleichung der Ellipse ist zu entwickeln.

Physik: 2 St. Optik. Mathematische Erdkunde. Ibrügger.

In den übrigen Klassen

stimmen die Lehraufgaben mit den im Programm 1893 aufgeführten überein.

Aufgaben zu den deutschen Aufsätzen in IIA.:
1. Die Entwicklung der menschlichen Kultur nach Schillers „Spaziergang."
2. Welche Tugenden rühmt der Dichter des Waltharilicdes an seinem Helden?
3. Wie wurde Kriemhild, die Holde, zur Unholdin? (Klassenarbeit.)
4. Was für ein Bild vom Leben und Charakter Walthers v. d. Vogelweide gewinnen wir aus seinen Gedichten?
5. Gedankengang des Prologs zu Schillers „Wallenstein."
6. Welche Intriguen spielen in den „Piccolomini"?
7. Wie bringt der Dichter des „Wallenstein" seinen Helden uns menschlich näher?
8. Der Staatsrat der Königin Elisabeth in Schillers „Maria Stuart". (Klassenarbeit.)

Aufsätze in IIB.:
1. Gang der Handlung in Schillers „Wilhelm Tell".
2. Der Major von Chasot schildert den Angriff des Bayreuther Dragonerregiments bei Hohenfriedberg.
3. Tellheim und Minna vor ihrem Wiedersehen in Berlin.
4. General von Retzow erzählt die Schlacht bei Leuthen. (Klassenarbeit nach Archenholtz.)
5. Worin zeigt sich Tellheims Edelmut?
6. Inwiefern ist der erste Gesang in „Hermann und Dorothea" das Muster einer Exposition?
7. Was hat Dorothea erlebt, bevor ihr Hermann begegnet?
8. Die Kriege zwischen England und Frankreich bis zum Auftreten der Jungfrau von Orleans.

Gelesen wurde:
im Lateinischen in IIA.: Livius von Buch 22 ab mit Auswahl. Sallusts Catilina. Cicero, Pro Rosc. Amerino. Vergil mit Auswahl.
in IIB.: Livius Buch 21. Cicero, De imperio Cn. Pomp. Curtius. Ovids Metam. mit Auswahl.
in IIIA.: Caes. de bello Gallico VII. Ovids Metamorph. mit Auswahl.
in IIIB.: Caes. de bello Gallico III und IV.
im Griechischen in IIA.: Herodot VII. Xenophons Hellenika III. Memorabilien aus I und II. Homers Odyssee vom 9. Buche an.
in IIB.: Xenophons Anabasis und Hellenika mit Auswahl. Homers Odyssee Buch 1, 2 und 6.
im Französischen in IIA.: Sandeau, Mlle de la Seiglière. Ségur, Histoire de la grande armée.
in IIB.: Michaud, Troisième croisade. Thiers, Expédition de Bonaparte en Egypte.

Vom Religionsunterricht sind nur die Schüler katholischen Bekenntnisses u. jüdischer Religion entbunden.

Am hebräischen Unterricht nahmen teil aus I 5, aus IIa 3 Schüler.

Am englischen Unterricht nahmen teil aus I 7, aus IIa 10 Schüler im ersten Halbjahr und 5 im zweiten Halbjahr.

Am Zeichenunterricht nahmen aus den oberen Klassen 3 Schüler teil.

Turnunterricht. Das Gymnasium war besucht
im Sommer 1895 von . . . . 134 Schülern,
im Winter 1895/96 von . . . . 128 „
Vom Turnen waren gänzlich befreit
a) auf Grund ärztl. Zeugnisse im Sommer 5, im Winter 7 Schüler,
b) aus anderen Gründen „ „ 2, „ „ 1 „
zusammen im Sommer 7, im Winter 8 Schüler,
also von der Gesamtzahl „ „ 5,2% „ 6% „
Von einzelnen Übungsarten war niemand befreit. Es bestanden bei 8 Schulklassen 3 Turnabteilungen; zur kleinsten (I) von diesen gehörten 33, zur größten (III) 42 Schüler. Für den gesamten Turnunterricht waren wöch. 9 St. angesetzt. Den Unterricht erteilten in der I. und II. Abteilung Bodenstein, in der III. Abteilung Seifert.

Für das Winterturnen dient zur alleinigen Benutzung der Gymnasialschüler die 150 m vom Gymnasium entfernte geräumige Turnhalle; für die Sommermonate der daneben liegende Turnplatz sowie der Spielplatz auf der Ottoshöhe.

Es bestehen zwei Turnspielvereine, von denen der eine Schüler aus den Klassen II—I und der andere aus den Klassen IIIa und IIIb begreift. Die Teilname ist eine freiwillige. Die Zahl der Mitglieder aus II—I beträgt 20. Die Zahl der Mitglieder aus III beträgt 30. Es wurde im Sommer zweimal wöchentlich je 1½ Stunde gespielt (Fußball, Cricket, Feldball, Barlauf etc.). Im Winter turnten beide Vereine wöchentlich 1 Stunde freiwillig in der Turnhalle oder unternahmen bei günstigem Wetter einen Übungsmarsch in die Umgegend.

Schwimmunterricht ist bisher seitens der Anstalt noch nicht eingerichtet worden; doch eröffnet sich nun eine Aussicht dazu, da für die hier im Bau befindliche Unteroffiziervorschule auch eine Badeanstalt angelegt werden wird.

Übersicht der eingeführten Lehrbücher.

a. Religion. Zahn, bibl. Geschichten (VI, V). Jaspis, Katechismus (VI—IV).
b. Deutsch. VI—IIIA Hopf und Paulsiek, Lesebuch für die betr. Klassen.
c. Latein. Ellendt-Seyffert, lat. Gramm. (VI—I); Ostermann-Müller, lat. Übungsbuch 1, II, III, IV (VI—III). Lat.-Deutsches Schulwörterbuch von Georges (oder, auch für Studierende ausreichend, von Stohwasser).
d. Griechisch. Franke-v. Bamberg, Formenlehre und Syntax (IIIB—I); Kohl, griech. Übungsbuch (IIIB, IIIA). Griech.-Deutsches Schulwörterbuch von Benseler (oder, auch für Studierende ausreichend, von Rost).
e. Französisch. Plötz-Kares, Kurzer Lehrgang der franz. Sprache. 1) Elementarbuch. Ausg. B. (IV, IIIb). 2) Sprachlehre und 3) Übungsbuch. Ausg. B. (IIIa—I).
f. Hebräisch. Gesenius-Kautzsch, Gramm. und Lesebuch (IIA, I).

g. **Englisch.** Fölsing, Elementarbuch (IIA, l).
h. **Geschichte.** Müller-Junge, Alte Geschichte für die Anfangsstufe (IV); Müller-Junge, Leitfaden der Gesch. des deutschen Volkes (IIIB—IIB); Herbst-Jäger, hist. Hülfsbuch I—III (IIA, l).
i. **Geographie.** Daniel, Leitfaden (VI—I). Debes, Schulatlas für d. mittl. Unterrichtsstufen.
k. **Mathematik und Rechnen.** Harms und Callius, Rechenbuch (VI—IV); Kambly, Planimetrie (IIIB—IIA), Arithmetik (IIIB—I); Conradt, Trigonometrie (IIA, l); Gauß, Logarithmen (IIB—I); Bardey, arithm. Aufgaben (IIIB—I); Kambly, Stereometrie (I).
l. **Naturwissenschaft.** Bänitz, Leitfaden der Botanik und Zoologie (VI—IIIA); Stenzel, chem. Erscheinungen (IIB); Trappe, Schulphysik (IIB—I).
m. **Gesang.** Überlée, Chorgesangschule.

II. Verfügungen der vorgesetzten Behörden.

9. Februar 1895: Hinsichtlich der ärztlichen Zeugnisse zum Zwecke der Befreiung vom Turnunterrichte ist die Beobachtung gemacht worden, daß manchen Ärzten eine genauere Kenntnis des Turnbetriebes noch abzugehen scheint. Es erscheint dem gegenüber zweckmäßig, folgendes Verfahren zu beobachten: Anträge auf Befreiung sind schriftlich zu stellen und gleichzeitig, in besonderen Fällen unter Briefverschluß, das Gutachten eines Arztes, am besten des Hausarztes, vorzulegen, in welchem unter ausdrücklicher Berufung auf eigene Wahrnehmung, nicht aber auf Grund bloßer Aussagen der Beteiligten, das Leiden oder Gebrechen anzugeben ist, in dem ein Grund für die Befreiung vom Turnunterrichte überhaupt oder von einzelnen Übungsarten gesehen wird. (Für Antrag und ärztliches Zeugnis ist ein von der Anstalt festgestelltes Formular zu benutzen).
17. April 1895: Staatliche höhere Lehranstalten hissen die Flaggen am Geburtstage Sr. Majestät des Kaisers und Königs, Ihrer Majestät der Kaiserin und Königin, Ihrer Majestät. der Kaiserin und Königin Witwe Friedrich, Sr. Kaiserlichen und Königlichen Hoheit des Kronprinzen, und am 2. September.
24. April 1895: Anordnung einer regelmäßigen Feier des Reformationsfestes.
25. Mai 1895: Behufs Förderung der Turnspiele werden der Anstalt als Geschenk 3 Schleuderbälle, 6 lederne Schlagbälle, 6 Schlaghölzer, 12 dickwandige Gummibälle, 4 massive Filzbälle und ein Netz zur Aufbewahrung der Bälle durch den Herrn Minister überwiesen.
13. Dezember 1895: Die Einführung der Chorgesangschule von Überlée zum 1. April 1896 wird genehmigt.
24. Dezember 1895: Sr. Majestät der Kaiser und König haben Allergnädigst zur Förderung des volkstümlichen Werkes „der Krieg gegen Frankreich und die Einigung

Deutschlands" von Th. Lindner zum Zwecke der Verteilung in Schulen und in der Armee eine Summe von 25000 M. zu bewilligen geruht. Die Anstalt erhält 3 Exemplare, eines für die Bibliothek, zwei für Schüler zur Anerkennung. (Sie wurden Lüdtke I a, Ohm II a zugesprochen).

2. Januar 1896: Übersendung zweier Exemplare der Festrede des Generals von Mischke, gehalten bei der Enthüllung des Kaiser Friedrich-Denkmals auf dem Schlachtfelde von Wörth, zur Verteilung bei der Schulfeier am 18. Januar 1896. (Es erhielten sie Zühlke I a, v. Normann II a).

24. Dezember 1895: Unterzieht sich ein Schüler ohne Vorwissen des Direktors der Prüfung vor einer Königl. Prüfungskommission für Einjährig-Freiwillige, so ist er von der Schule zu entlassen. Der Wiedereintritt in eine höhere Lehranstalt ist erst mit Beginn des neuen Schuljahres zu gestatten, und zwar ist dabei auf das Ergebnis der Prüfung vor der Kommission keinerlei Rücksicht zu nehmen.

14. Dezember 1895: Ferienordnung für 1896:
 1. Osterferien. Schulschluß: Sonnab. d. 28. März, Schulanfang: Dienstag d. 14. April.
 2. Pfingstferien. Schulschluß: Freitag d. 22. Mai, Schulanfang: Donnerst. d. 28. Mai.
 3. Sommerferien. Schulschluß: Sonnab. d. 4. Juli, Schulanfang: Dienst. d. 4. August.
 4. Herbstferien. Schulschluß: Mittwoch d. 30. Sept., Schulanfang: Donnerst. d. 15. Okt.
 5. Weihnachtsferien. Schulschluß: Dienst. d. 22. Dez., Schulanfang: Mittw. d. 6. Jan.

III. Chronik der Schule.

Der Schluß des vorigen Schuljahres 1894/95 brachte der Anstalt zunächst noch die Feier des 80. Geburtstages des Fürsten Bismarck in der Weise, wie sie nach dem vorjährigen Programm in Aussicht genommen war. Eine dauernde Erinnerung an den Tag bleibt uns unsre kräftig gedeihende Bismarckeiche und außerdem eine sehr schöne, mächtige Büste des Fürsten, die die öffentliche Feier des Tages in Lipkes Saal geschmückt hatte, dann verlost und von der Gewinnerin, der Frau von Woedtke-Woedtke, geb. v. Gerlach, dem Gymnasium geschenkt wurde und nun eine Zierde unsrer Aula ist; eine Inschrifttafel an dem Postament, von dem damaligen Primus omnium Fr. Zander gebrannt, erinnert an den Tag und die Geberin.

Auch ein für den engeren Kreis der Anstalt bedeutungsvolles Ereignis fiel noch in dieselbe Zeit. Zugleich mit dem Schulschlusse am Vormittage des 6. April 1895 nahm Gymnasiallehrer Todt Abschied von der Anstalt. Zu seiner besonderen Ehre erschien als Vertreter der vorgesetzten Behörde der Herr Provinzialschulrat Dr. Bouterwek und überreichte ihm unter Anerkennung seiner langjährigen, treuen und wertvollen Dienste den Kronenorden 4. Kl. Dann sprach ihm der Direktor den besonderen Dank unsers Gymnasiums aus, dem er seit der Gründung 1852 ununterbrochen in Liebe und Treue gedient, dessen Schüler er zugleich in straffer Zucht und freundlicher persönlicher Teilnahme auf allen Stufen tüchtig und gründlich gefördert, im Turnen und Singen bis in die höchsten Klassen begleitet und zu freudigen und tüchtigen Leistungen geführt hat. Darauf nahm der Gefeierte selbst das Wort, um in bewegter Rede mit Dank gegen Gott, der ihm ein so reich beglückendes Amt und eine seiner inneren Neigung und seinem Können entsprechende Lebensarbeit gewährt habe, nun Abschied von seinen lieben Schülern, von dem Kreise seiner werten Amtsgenossen und des Direktors und mit dem Ausdrucke ehrerbietigen Dankes von seiner Behörde zu nehmen. — Am folgenden Tage versammelte sich noch einmal bei festlichem Mahle in Lipkes Saal ein zahlreicher Kreis von Amtsgenossen, alten Schülern und Verehrern um ihn, wo in ernster und heiterer Rede der vergangenen Zeiten gedacht und für die kommenden Tage herzliche Wünsche ausgesprochen wurden. Möge es ihm noch lange vergönnt sein, in würdiger Muße sich der treuen Anhänglichkeit seiner Freunde und Schüler zu freuen und die Ehrenämter zu verwalten, die ihm das Vertrauen seiner Mitbürger überträgt.

Das neue Schuljahr wurde am 23. April 1895 eröffnet und zugleich der Zeichen- und Gesanglehrer Seifert*) in sein Amt eingeführt.

Der Gesundheitszustand der Schüler war auch in diesem Jahre gut. Einige Male fielen wegen zu großer Hitze im Sommer die letzten Vormittags- und die Nachmittagsstunden aus. Auch die Lehrer waren fast ohne Unterbrechung in ihrem Amte thätig; nur Professor Dr. Fahland war durch eine Erkrankung für drei Tage behindert. Außerdem war Professor Dr. Große noch vier Tage über die Osterferien hinaus durch den archäologischen Kursus, an dem er in Berlin teilnahm, in Anspruch genommen und der Direktor vom 12.—15. Juni zur Direktorenversammlung nach Stettin berufen.

Den Sedantag feierte das Gymnasium durch einen Auszug in den Lebbin unter zahlreicher Beteiligung von Angehörigen der Lehrer und Schüler und Freunden der Anstalt, durch Taubenabwerfen, Wettlaufen, mannigfache Spiele und die Aufführung des Festspiels von Bahlsen „durch Sieg zur Einheit" auf einer im Freien aufgestellten Bühnenlaube.

Zur Errichtung des Kaiser-Wilhelm-Denkmals auf unserm Marktplatze hatten auch die Schüler des Gymnasiums eine Summe von 50,35 Mk. beigesteuert und nahmen an der Enthüllungsfeier unter den Fahnen ihrer Anstalt am 1. September Anteil. Das Lehrerkollegium und ebenso die Schülerschaft legten Lorbeerkränze vor der Bildsäule, als die Hülle gefallen war, nieder.

Am Stiftungsfeste der Anstalt hielt Oberlehrer Dr. Domke die Festrede über die Entwicklung der exakten Naturwissenschaften unter Friedrich Wilhelm IV. Fünf Schüler wurden, wie üblich, aus dem Hahnschen Legat durch Prämien ausgezeichnet:

---

*) Joh. Gottl. Seifert, geb. am 25. Juni 1856 zu Stodolsko im Kreise Bomst (Provinz Posen), bestand am Seminar zu Koschmin in den Jahren 1877 und 1879 die erste und zweite Lehrerprüfung und war von Ostern 1877 bis 1879 in Goldgräber-Hauland provisorisch, vom Juni 1879 bis Michaelis 1883 an der Stadtschule zu Gnesen definitiv als Lehrer angestellt. Darauf besuchte er vom Oktober 1883 bis zum August 1885 die Königl. Kunstschule in Berlin; erwarb sich unter dem 5. August 1885 das Befähigungszeugnis als Zeichenlehrer und ward zu Michaelis an das Progymnasium zu Lauenburg i. Pomm. berufen, wo er bis zum April 1895 wirkte.

1. der Oberprimaner Gerhard Lüdtke,
2. der Obersekundaner Bruno Krause,
3. der Untersekundaner Erich Bült,
4. der Obertertianer Arthur Bindseil,
5. der Untertertianer Erich Fuß.

An die Feier dieses Tages knüpfte sich noch ein besonderer Akt, der der Anstalt zu freudiger Genugthuung gereichte. Auf einen Aufruf der Herren Dr. med. Fischer, Oberst v. d. Marwitz, Pastor Stephani, Landrat v. Thadden und Oberlehrer Voigt an die früheren Schüler des als Direktor unsers Gymnasiums verstorbenen Professors Dr. Riemann, sich zu vereinen, um zum Gedächtnisse ihres verehrten Lehrers sein Bild für die Aula zu widmen, war die Beteiligung an dieser Gabe des Dankes von fern und nah so zahlreich, daß alsbald die Ausführung der bewährten Künstlerhand des Fräuleins Marie Görcke in Ückermünde übertragen und nunmehr im Namen der Geber das in Öl ausgeführte, wohlgetroffene Bildnis durch den Landrat Herrn v. Thadden vor der Festversammlung mit einer schönen und herzlichen Würdigung der Persönlichkeit und des Wirkens des geist- und gemütvollen Mannes dem Gymnasium überreicht werden konnte. Der Direktor nahm die Widmung mit dem Ausdrucke des Dankes der Anstalt und der Freude entgegen, daß deren Wirken an der Jugend nun bei gereiften Männern in der vollen Thätigkeit des Lebens einen so schönen Nachhall und Widerhall finde; und nun ziert das stattliche Bild zur Seite desjenigen des ersten Direktors der Anstalt Campe die Hauptwand unsrer Aula.

Auch in diesem Jahre haben wir unsere gewohnte und liebe Weihnachtsfeier veranstaltet. Der kräftige, dunkelgrüne und dicht gewachsene Tannenbaum war diesmal aus Barkow geschenkt; Primaner hatten ihn ausgeschmückt. Unter ihm wurden Weihnachtslieder und Gedichte, durch Verlesung des Weihnachtsevangeliums verbunden, vorgetragen.

Die 25jährige Jubelfeier der Gründung des deutschen Reiches wurde durch die Vorführung einer geschichtlichen Bilderreihe gefeiert, die von Oberlehrer Bodenstein aus den Geschicken des Reiches seit Karl d. Gr. zusammengestellt war und sich sehr eindrucksvoll aus seinen verbindenden Vorträgen, aus Deklamationen und Chorliedern zusammensetzte.

Bei der Feier des Geburtstages Sr. Majestät des Kaisers am 27. Januar 1896 hielt Oberlehrer Richter die Festrede: die Hohenzollern als Vorkämpfer der Einigung Deutschlands.

Die Entlassungsprüfungen fanden am 17. September 1895 und am 27. Februar 1896 unter dem Vorsitze des Provinzialschulrates Dr. Bouterwek statt. (s. d. Abituriententabelle, wo auch die Liste der Osterabiturienten 1895 nachgetragen ist). Bei der feierlichen Entlassung am 21. März hält der Abiturient Gerhard Lüdtke die Abschiedsrede über Sokrates als Vorbild der Pflichttreue. Ihm antwortet der Oberprimaner Franz Remy, der seine Rede an Schillers Wallenstein anschließt.

Die Primaner unternahmen in diesem Jahre unter Führung des Direktors am 22.—24. Juni eine Wanderfahrt über Schivelbein nach Polzin und Fünfseen, die von allen Teilnehmern mit rüstiger Ausdauer fröhlich und genußreich bei prächtigem Wanderwetter durchgemacht wurde. Freilich wäre sie bei dem Verzicht auf die Benutzung der Eisenbahn doch über die Kräfte gegangen; aber die Wanderer durften unterwegs Aufnahme und Weiterbeförderung zu Wagen hoffen, und über Erwartung und Hoffnung freundlich, gastfrei und behülflich zum bequemen Weiterkommen wurden sie ihnen zu teil. Die fröhlichen Stunden des Ausruhens und der Erquickung in Natelfitz bei Herrn Rübsam, dann auf der Heimkehr bei Herrn Friederici in Rützenhagen, Herrn Geheimrat Lentz in Geiglitz und abermals bei Herrn Rübsam in Natelfitz werden ebenso wie die schönen Fahrten von Natelfitz, Rützenhagen und Geiglitz allen Teilnehmern in dankbarster Erinnerung bleiben. — Die übrigen Klassen richteten ihre Wanderfahrten nach verschiedenen Punkten des Ostseestrandes. Auch sie hatten sich mannigfacher Freundlichkeit von seiten der Eltern oder Verwandten einzelner Klassenkameraden zu erfreuen. Herr Graf v. Wartensleben-Schwirsen stellte der IIa., Herr Baron v. Senfft-Pilsach der IIIa., Herr v. Döringen der IIIb., die Herren Nahrius und Scheer-Pribbernow der IV., Herr Obersteuerkontroleur Hartung der V., Herr v. Brocke der VI. Fuhrwerk; für gastliche Aufnahme unterwegs in Schwirsen und Pribbernow hat sich die IIa. und IV. noch besonders zu bedanken.

Der Turnspielverein stand in diesem Jahre unter der Oberleitung des Oberlehrers Dr. Ibrügger; es wurde mit Eifer und Regelmäßigkeit gespielt. Auch die jüngere Abteilung, die aus Tertianern besteht, hat weiter regelmäßig und fröhlich unter Leitung des Oberlehrers Bodenstein ihre Spielstunden gehalten. — Der vom Direktor geleitete Leseverein, der in seinen regelmäßigen wöchentlichen Lesestunden eine weitere Bekanntschaft mit den klassischen Dichterwerken, besonders Shakespeares, zum Ziele hat, feierte sein Stiftungsfest am Abende des 22. Februar durch Vorführung einer Scenenfolge aus Schillers Wallensteins Tod, woran sich ein Tanz schloß. — Der Musikverein ist Ostern 1895 wieder ins Leben getreten; er steht unter der Oberleitung des Prof. Dr. Große. — Auch der Ruderverein hat weiter bestanden.

IV. Statistische Mitteilungen.

Übersicht über die Frequenz im Laufe des Schuljahres 1895/96.

	I A.	I B.	II A.	II B.	III A.	III B.	IV.	V.	VI.	Sa.
1. Bestand am 1. Februar 1895	16	10	16	23	13	20	12	14	12	136
2. Abgang bis zum Schluss des Schuljahres 1894/95	8	—	3	8	3	1	—	—	—	23
3a. Zugang durch Versetzung zu Ostern 1895	7	9	13	10	14	9	13	10	—	88
3b. Zugang durch Aufnahme zu Ostern 1895	—	7	—	1	1	2	—	—	7	18
4. Frequenz am Anfang des Schuljahres 1895/96	15	19	17	13	15	16	16	11	9	131
5. Zugang im Sommersemester 1895	—	1	1	1	—	—	—	—	—	3
6. Abgang im Sommersemester 1895	6	1	2	2	—	—	—	—	—	11
7a. Zugang durch Versetzung zu Michaelis 1895	6	—	—	—	—	—	—	—	—	6
7b. Zugang durch Aufnahme zu Michaelis 1895	—	1	1	1	—	1	—	1	—	5
8. Frequenz am Anfang des Wintersem. 1895/96	15	14	17	13	15	17	16	12	9	128
9. Zugang im Wintersemester 1895/96	—	—	—	—	—	—	—	—	—	—
10. Abgang im Wintersemester 1895/96	—	—	1	—	—	—	—	—	1	2
11. Frequenz am 1. Februar 1896	15	14	16	13	15	17	16	12	8	126
12. Durchschnittsalter am 1. Februar 1896	20,6	18,9	17,2	16,9	15,5	14,2	13,1	12,2	11,2	—

Religions- und Heimatsverhältnisse der Schüler.

	Evang.	Kathol.	Juden.	Einheim.	Ausw.	Ausl.
1. Im Anfang des Sommerhalbjahres	121	5	5	57	73	1
2. Im Anfang des Winterhalbjahres	116	6	6	56	70	2
3. Am 1. Februar 1896	114	6	6	56	68	2

Die Abschlussprüfung für Obersekunda
haben zu Ostern 1895 bestanden: 19; zu Michaelis 1895: 1; davon haben sich sogleich einem Berufe zugewendet: 7.

Übersicht über die Abiturienten.

Namen.	Tag der Geburt.	Ort der Geburt.	Konfession.	Stand des Vaters.	Wohnort	Aufenthalt in der Schule. (Jahre)	Aufenthalt in der Prima. (Jahre)	Beruf.
Ostern 1895:								
1. Ernst Krüger	1. Nov. 1874	Zachan, Kr. Saatzig	evang.	Pastor †	Woistenthin, Kr. Kammin	11	2½	Theologie.
2. Martin v. Brocke	16. April 1875	Wilsnack, Kr. W.-Priegnitz	"	Apotheker	Greifenberg i. P.	4½	2½	Jura.
3. Paul Kitzmann	7. März 1871	Wronke, Kr. Samter	kath.	Eigentümer	Wronke, Kr. Samter	1¼	3	kathol. Theologie.
4. Karl Fehrmann	25. Nov. 1875	Potsdam	evang.	Civil-Ingenieur	Greifenberg i. P.	5¼	2	Maschinenbaufach.
5. Richard Erdmann	21. Dez. 1873	Schwarzow, Kr. Naugard	"	Landwirt	Krammonsdorf, Kr. Naugard	6	2½	Steuerfach.
6. Walter Pierau	10. Sept. 1875	Greifenberg i. P.	"	Tierarzt	Greifenberg i. P.	11	2	Jura.
7. Martin Müller	17. Febr. 1876	Rosenow, Kr. Naugard	"	Pastor	Darfussdorf, Kr. Naugard	5	2	Theologie.
8. Friedrich Krummheuer	27. Jan. 1875	Behlkow, Kr. Greifenberg	"	Pastor	Behlkow, Kr. Greifenberg	8	2	Theologie.
Michaelis 1895:								
1. Friedrich Zander	5. April 1876	Borckow, Kr. Schlawe i. P.	"	Landwirt	Broitz, Kr. Greifenberg	10½	2½	Medizin.
2. Egbert Tschötschel	4. Jan. 1875	Ziegenhals, Kr. Neisse	kath.	Stadt-Kämmerer	Ziegenhals, Kr. Neisse	2¼	2½	Medizin.
3. Otto Beyer	1. März 1874	Ball, Kr. Saatzig	evang.	Landwirt	Ball, Kr. Saatzig	7½	2½	Steuerfach.
4. Walter Hafemann	24. Okt. 1875	Wollin, Kr. Used.-Wollin	"	Arzt	Wollin, Kr. Used.-Wollin	7½	2½	Medizin.
5. Walter de la Barre	9. Okt. 1876	Stettin	evang.-ref.	Kaufmann	Stettin	5	2½	Kaufmann.
Ostern 1896:								
1. Lüdtke, Gerhard	22. Okt. 1875.	Greifenberg i. P.	evang.	Pens. Bezirks-Feldwebel.	Greifenberg i. P.	4½	2	Philologie.
2. Gnirke, Paul	7. Juli 1876.	Greifenberg i. P.	"	Gerbereibesitzer.	Greifenberg i. P.	10	3	Medizin.
3. Rackwitz, Karl	21. Jan. 1874.	Völkow, Kr. Schivelbein.	"	Rentner. †	Regenwalde, Kr. Regenwalde.	10	3	Soldat.
4. Stock, Gerhard	18. Mai 1877.	Schwirsen, Kr. Kammin.	"	Lehrer.	Schwirsen, Kr. Kammin.	9	2	Theologie.
5. Zahlke, Siegfried	8. April 1876.	Greifenberg i. P.	"	Mühlenbes.	Greifenberg i. P.	9	2	Forstfach.

Übersicht über die Abiturienten.

Namen.	Tag der Geburt.	Ort	Konfession.	Stand des Vaters.	Wohnort	Aufenthalt in der Schule	Aufenthalt in der Prima	Beruf.
Ostern 1896:								
6. Kühl, Paul	9. Jan. 1878.	Kretlow, Kr. Kamnin.	"	† Landwirt.	Kretlow, Kr. Kamnin.	9	2	Jura.
7. Driest, Rudolf	14. Okt. 1869.	Gollnow, Kr. Naugard.	"	† Kaufmann.	Gollnow, Kr. Naugard.	1¹⸍₂	1¹⸍₂	Medizin.
8. v. Wenden, Joachim	7. Dez. 1875.	Altendorf, Kr. Greifenberg.	"	Rittergutsbes.	Altendorf, Kr. Greifenberg.	8¹⸍₄	2	Soldat.

V. Sammlungen von Lehrmitteln.

A. Für die vom Oberlehrer Fischer verwaltete Hauptbibliothek

1. geschenkt:

v. Königl. Ministerium: „Das humanistische Gymnasium" 6. Jhrg. — v. Schenkendorff u. Schmidt, Jhrb. dr. Jugend- u. Volksspiele IV. — v. Direktor Dr. Conradt seine Ausgabe von Sophokles' Antigone u. König Oedipus. — v. Provinzialverein der Lehrer an höheren Lehranstalten: Kunze, Kalender f. d. höhere Schulwesen Preußens 1894 u. 95.

2. aus Anstaltsmitteln angeschafft:

a) an Zeitschriften und Fortsetzungen:

Kern u. Müller, Zeitschr. f. Gymn. — Frick u. Meyer, Lehrpr. — Rethwisch, Jhrber. üb. h. Schulw. — Zarncke, litr. Centralb. — Hoffmann, Ztsch. f. math. Unterricht. — Behaghel u. Neumann, Literbl. f. rom. u. germ. Phil. — Euler u. Eckler, Monatsch. f. Turnw. — Allg. dtsch. Biogr. 187—98. — Leimbach, dtsch. Dicht. d. Gegenw. VI, 2. 3. — Daniel-Volz, Hdb. d. Geogr. 26—36. — Antike Denkmäler vom Kaiserl. dtsch. archäolog. Institut ll, 2. — M. Heyne, dtschs. Wörterb. VI. — W. Wilmanns, dtsche. Grmtk. ll, 1. — Furtwängler u. Urlichs, Denkmäler griech. u. röm. Skulptur l.

b) an neu zugekommenen Werken:

H. Gleditsch, Cantica der sophokleischen Tragödien. — Aischylos' Agamemnon, hrsg. und übersetzt von v. Wilamowitz. — 16 Photographien aus dem Altertum. — C. Wachsmuth, Einleitung in das Studium der alten Geschichte. — Rothert, Karten u. Skizzen aus d. vaterländ. Gesch. 2 Bde. — Rothert, Karten u. Skizzen aus der außerdeutsch. Gesch. d. letzt. Jahrhdrte. — Gesundheitsbüchlein v. Kaiserl. Gesundheitsamt. — Leitfaden f. d. Turnunterricht an preuß. Volksschulen. — E. Brenning, Gesch. d. dtschn. Litteratur. — Roscoe-Schorlemmer, Lehrbch. d. Chemie. — Die Algen d. dalmatischen Küste.

B. Für die vom Oberlehrer Richter, Oberlehrer Dr. Domke, Oberlehrer Bodenstein verwaltete Schülerbibliothek:

1. Für die oberen Klassen wurden angeschafft:

Busch, Graf Bismarck und seine Leute. — Mügge, Afraja. — Bracht, Ernstes u. Heiteres v. 1870/71. — Raabe, Der Hungerpastor. — Hanncke, Pommersche Kulturbilder. — Fontane, Vor dem Sturm. — Zeitz, Kriegserinnerungen v. 1870/71. — Kohut, Fürst Bismarck als Humorist. — Ebers, Josua. — Wildenbruch, Der Generalfeldoberst. — Weise, Unsere Muttersprache. — Erneuert wurden: Scheffel, Der Trompeter v. Säkkingen. Ebers, Uarda. — Geschenkt wurden durch das Kgl. Ministerium aus einer Bewilligung Sr. Majestät: Th. Lindner, der Krieg gegen Frankreich und die Einigung Deutschlands; — von der Pommerschen Missionskonferenz eine Auswahl von Missionsschriften in 6 Bdn; — von Prof. Dr. Große: Jädicke, Bismarck u. d. deutsche Reich im zeitgenössischen Liede.

2. Für die Mittelklassen wurden angeschafft:

Heinze, Quellenlesebuch für den Unterricht in der vaterländischen Geschichte. — Breslich und Koepert, Bilder aus dem Tier- und Pflanzenreiche. — G. Stein, Abenteuer in den deutschen Colonien.

3. Für die unteren Klassen wurden angeschafft:

Im Dienste der Nächstenliebe, Der Mutter Segen, Ferdinand, der Ziegenhirt, Der verlorene Sohn, von Karl Lichtenfeldt. — Aus dem Jugendleben eines Handwerkers, von Karl Weise. — Die Waisen, Der Schein trügt, die Wahrheit siegt, von Fr. Hoffmann. — Onkel Toms Hütte: bearbeitet von M. Jacobi. — Die Brüder oder Magdeburg und Lützen, von L. Würdig. — Vom Kap nach Deutsch-Afrika, von C. von Barfuß. — Zwei Riesen von der Garde, Im heimlichen Bunde, von Oskar Höcker. — Geschenkt: Glückliche Christenkinder, Unglückliche Heidenkinder; Erinnerungen an Borneo: Missionar Kimmer. — Kleine Traktate aus der Brüdermission.

C. Die Lehrmittel für den physikalischen Unterricht verwaltet Oberlehrer Dr. Ibrügger.

Angeschafft wurden:

Ein Heliostat, eine Sammellinse mit Gestell, eine elektrische Bogenlampe, ein kleiner Akkumulator.

D. Die Lehrmittel für den naturbeschreibenden Unterricht verwaltet Prof. Dr. Fahland.

Angeschafft wurden:

Folgende ausgestopfte Vögel in je 1 Exemplar: Rauchschwalbe, Hausschwalbe, Uferschwalbe, Pirol-Männchen und Weibchen, Nachtigall, Erlenzeisig, Grünling, Wiedehopf, Kohlmeise, Seidenschwanz, Gartenrotschwanz, Fichtenkreuzschnabel, Goldammer, Rotrückiger Würger, Haussperling Männchen und Weibchen, weiße Bachstelze, Edelfink, Distelfink, Leinhänfling; außerdem folgende Präparate: Meerschwein, Ratte, Plötze.

Geschenkt wurde von Herrn Brauereibesitzer Vörkelius in Kammin 1 Eiderente, wofür die Anstalt ihren besten Dank sagt.

VI. Mitteilungen an die Schüler und deren Eltern.

Folgender Ministerialerlaß vom 11. Juli 1895 wird zur allgemeinen Kenntnis gebracht:

Durch Erlaß vom 21. September 1892 habe ich das Königl. Provinzial-Schulkollegium auf den erschütternden Vorfall aufmerksam gemacht, der sich in jenem Jahre auf einer Gymnasialbadeanstalt ereignet hatte, daß ein Schüler beim Spielen mit einer Salonpistole von einem Kameraden seiner Klasse erschossen und so einem jungen hoffnungsreichen Leben vor der Zeit ein jähes Ende bereitet wurde.

Ein ähnlicher, ebenso schmerzlicher Fall hat sich vor kurzem in einer schlesischen Gymnasialstadt zugetragen. Ein Quartaner versuchte mit einem Tesching, das er von seinem Vater zum Geschenk erhalten hatte, im väterlichen Garten im Beisein eines andern Quartaners Sperlinge zu schießen. Er hatte nach vergeblichem Schusse das Tesching geladen, aber in Versicherung gestellt und irgendwo angelehnt. Der andere ergriff und spannte es, hierbei sprang der Hahn zurück, das Gewehr entlud sich, und der Schuß traf einem inzwischen hinzugekommenen, ganz nahe stehenden Sextaner in die linke Schläfe, so daß der Knabe nach drei Viertelstunden starb.

In dem erwähnten Erlasse hatte ich das Königl. Provinzial-Schulkollegium angewiesen, den Anstaltsleitern seines Aufsichtsbezirkes aufzugeben, daß sie bei Mitteilung jenes schmerzlichen Ereignisses der ihrer Leitung anvertrauten Schuljugend in ernster und nachdrücklicher Warnung vorstellen sollten, wie unheilvolle Folgen ein frühzeitiges, unbesonnenes Führen von Schußwaffen nach sich ziehen kann, und wie auch über das Leben des zurückgebliebenen unglücklichen Mitschülers für alle Zeit ein düsterer Schatten gebreitet sein muß.

Gleichzeitig hatte ich darauf hingewiesen, daß Schüler, die sei es in der Schule oder beim Turnen und Spielen, auf der Badeanstalt oder auf gemeinsamen Ausflügen, kurz wo die Schule für eine angemessene Beaufsichtigung verantwortlich ist, im Besitze von gefährlichen Waffen, insbesondere von Pistolen und Revolvern, betroffen werden, mindestens mit der Androhung der Verweisung von der Anstalt, im Wiederholungsfalle aber unnachsichtlich mit Verweisung zu bestrafen sind.

Auch in der so schwer betroffenen Gymnasialanstalt haben die Schüler diese Warnung vor dem Gebrauche von Schußwaffen, und zwar zuletzt bei der Eröffnung des laufenden Schuljahres, durch den Direktor erhalten. Solche Warnungen müssen freilich wirkungslos bleiben, wenn die Eltern selber ihren unreifen Kindern Schießwaffen schenken, den Gebrauch dieser gestatten und auch nicht einmal überwachen. Weiter jedoch, als es in dem erwähnten Erlasse geschehen ist, in der Fürsorge für die Gesundheit und das Leben der Schüler zu gehen, hat die Schulverwaltung kein Recht, will sie sich nicht den Vorwurf unbefugter Einmischung in die Rechte des Elternhauses zuziehen. Wenn ich daher auch den Versuch einer Einwirkung nach dieser Richtung auf die Kundgebung meiner innigen Teilnahme an so schmerzlichen Vorkommnissen und auf den Wunsch beschränken muß, daß es gelingen möchte, der Wiederholung solcher in das Familien- und Schulleben so tief eingreifenden Fälle wirksam vorzubeugen, so lege ich doch Wert darauf, daß dieser Wunsch in weiteren Kreisen und insbesondere den Eltern bekannt werde, die das nächste Recht an ihre Kinder, zu ihrer Behütung aber auch die nächste Pflicht haben. Je tiefer die Überzeugung von der Ersprießlichkeit einmütigen Zusammenwirkens von Elternhaus und Schule dringt, um so deutlicher werden die Segnungen eines solchen bei denjenigen hervortreten, an deren Gedeihen Familie und Staat ein gleiches Interesse haben.

Sonnabend den 28. März wird das Schuljahr mit der Austeilung der Zeugnisse geschlossen. Das neue Schuljahr beginnt Dienstag den 14. April morgens 8 Uhr.

Zur Aufnahme neuer Schüler bin ich am 13. April von 9—12 Uhr auf meinem Amtszimmer im Gymnasium bereit. Haben sie bisher noch keine Schule besucht, so sind nur Tauf- oder Geburtsschein und Impfschein, bei einem Alter über zwölf Jahre auch der Wiederimpfschein vorzulegen, sonst außerdem das Abgangszeugnis der bisherigen Schule.

Die Wahl der Pension für auswärtige Schüler bedarf der vorher einzuholenden Genehmigung des Direktors. Derselbe ist bereit, angemessene Pensionen nachzuweisen.

Das Schulgeld beträgt in sämtlichen Klassen des Gymnasiums jährlich 120 Mark, für die Vorschule 80 Mark.

Anträge auf Befreiung vom Schulgelde sind schriftlich an das Lehrerkollegium zu Händen des Direktors zu richten. Voraussetzung ist Würdigkeit des Schülers und Bedürftigkeit. Bewilligungen gelten nie über ein Jahr hinaus; die Anträge sind also nach Ablauf des Schuljahres zu erneuern, außer wenn einem von drei Brüdern Schulgeldfreiheit gewährt ist. Für die Vorschule sind Schulgeldbefreiungen unstatthaft.

Wenn Eltern wünschen, Knaben, die vorläufig noch von Hauslehrern unterrichtet werden und erst später die Anstalt besuchen sollen, prüfen zu lassen, besonders bei Ablauf eines Schuljahres, um festzustellen, ob sie die gehoffte Reife für eine höhere Gymnasial-Klasse nach den Anforderungen der Schule erreicht haben, so kommen der Direktor und die betr. Klassenlehrer einem solchen Gesuche bereitwillig entgegen. Der Wunsch von Eltern, sich für solche Mühe erkenntlich zu zeigen, hat das Lehrerkollegium zu dem Beschlusse veranlaßt, einen Stipendienfonds für würdige und bedürftige Gymnasiasten zu sammeln, zu dem für jede Prüfung dieser Art ein Beitrag von 6 Mk. erbeten wird. Beigetragen hat Herr Superintendent Rudel 6 Mk. Dazu Zugang bei anderen Gelegenheiten 6 Mk. Sa. 43,33 Mk.

Prof. Dr. Conradt,
Direktor.